宗教の日本史

本郷和人
Kazuto Hongo

はじめに

あなたは、「神」や「仏」の存在を信じていますか？　そう問われて、心の底から「私は神や仏の存在を信じている」と断言できる日本人は、案外少数派なのではないでしょうか。しかし、日本人が神や仏に無関心かと言われれば、決してそうでもありません。神社の前を通れば自然と頭を下げたくなるし、お寺で仏像を見れば思わず手を合わせる人も少なくありません。信仰心は薄いけれども、神仏への礼は尽くす。これが多くの日本人の宗教に対するスタンスでしょう。歴史を振り返ると、日本人が抱くこうした〝宗教的グレー〟な感性が随所に垣間見られます。その一例が、奈良の東大寺にある「手向山八幡宮《たむけやまはちまんぐう》」と呼ばれる神社の存在です。なぜ仏教寺院に八幡様を祀る神社があるのか。それは、聖武天皇が東大寺の大仏造立のために全国に協力を募った際、大分県の神社・宇佐八幡宮が積極的に協力したという背景があるからです。おもしろいことに、手向山八幡宮のご神体は、僧侶の形をした八幡様です。これほど神仏が混在する宗教観を受け入れる国は、世界広しといえどそう多くはないはず。本書では、そんな日本独自の〝グレー〟な宗教観についてご紹介していきます。

そして、もう一つ、本書で私が試みたかったのが、「民衆から見た宗教の在り方の検証」です。従来、学問としての歴史は、朝廷や天皇、貴族の視点から語られることが多く、民衆視点の事象は軽視される傾向にあります。その代表例が鎌倉新仏教の存在でしょう。現在、中世の仏教の動向は、天台宗や真言宗という二大宗派が基軸だとの見方が主流です。したしかに天皇や貴族という特権階級には天台宗や真言宗は切り離せない存在でした。しかし、その難解な教えは、庶民には馴染みが薄く、現代のような「弱者救済」の思想とは程遠いものでした。そこで、苦しむ民衆を救うために誕生したのが、浄土宗や浄土真宗、日蓮宗といった鎌倉新仏教です。庶民の精神世界にとって鎌倉新仏教が大きな役割を担ったことは間違いないのに、歴史学ではあくまで「枝葉」としてしか語られることはありません。しかし、社会の圧倒的多数派であった庶民の視点なくして、歴史の本質を理解できないと私は思うのです。だからこそ、史料を通じ、当時の民衆の抱いていた宗教観を検証していきます。本書が、私たち日本人が「聖なる存在」とどう向き合ってきたのかを知る機会となれば幸いです。

二〇二四年十月

本郷和人

宗教の日本史——目次

第2章 仏教が根付いたのは「多神教」だったから

第3章 多才な空海《くうかい》と孤高の最澄《さいちょう》

第4章 「民衆の救済」がなかった平安仏教

第5章 鎌倉新仏教は庶民をスポンサーに

第6章 武士に好まれた禅宗の魅力

第7章 なぜ一向宗《いっこうしゅう》は織田信長の脅威だったのか

第8章 豊臣秀吉がキリスト教に危機感を覚えた真の理由

第10章 廃仏毀釈《はいぶつきしゃく》は明治政府の命令ではなかった

第11章 神道は本当に宗教ではないのか

第12章 日本における「本当の信仰」とは？

第1章　日本人は神を信じてきたのか

宗教的グレーゾーンの国・日本

宗教とは何か。そう問われるとキリスト教やイスラム教のような一神教をイメージする方もいるでしょう。しかし、日本人の宗教心の大元にあるものは、一つの神だけを信仰するのではなく、多くの神を受け入れる多神教です。

では、一神教と多神教の大きな違いとは何なのでしょうか。前者の場合は、「この神様を信じるかどうか」という問いに対して、基本的にノーと言うことは許されません。ですが、後者の場合は、「まぁ、そこまで難しく考えなくてもいいから、仲良くやろうよ」と柔和な姿勢が生まれるのが両者の違いと言えるでしょう。世界中に多神教国家は多々あれど、日本の場合はその「柔和」な傾向が極めて顕著だと言えるのではないでしょうか。

さらに言えば、日本人は世界でも類をみないほどに宗教的な「グレーゾーン」がまかり通る国だと私は思います。

神の存在を完璧に信じているわけではないけれども、まったく無視することもできない。そんな日本人の宗教性が現れているのが、二〇二三年に行われた「ホラーに関する調査」です。この調査は、インターネット調査のネオマーケティングが二十歳〜五十九歳の全国の男女五百名を対象に行ったものです（出典：ホラーに関する調査／「リサーチ・リサーチ」ホラーに関する調査：https://www.lisalisa50.com/research20130726_5.html）。

この調査で興味深いのが、「幽霊の存在を信じるか」という質問に対して五十七・四％の人が「はい」と回答したことです。十年前の調査ではありますが、なんと半数を超える人が幽霊の存在を信じているのです。

近代科学の考え方が浸透した現代において、お化けを信じる人が半数以上いる。この事実を見ると、科学が進んでいなかった昔、神や仏やお化けの存在を信じている人の数は今より多かったに違いありません。

さらに、興味深いのが「お守りの処分方法」です。神社で購入したお守りは一年間効果が有効とされますが、一年後にはただの物体になり、その役目を終えます。問題は、効果が切れたお守りをどうやって処分するかです。正しい処分方法は、お守りを手に入れた神社に返却しお焚《た》き上げしてもらうことですが、多くの人は忙しくてそこまで手が回りません。とはいえ、役目が終わったお守りをゴミ箱には捨てられない。だから、なんとなく家のどこかに放置して、気付かぬうちにいつしかゴミに紛れて捨ててしまっている……というケースが多いのだとか。

このような意識は、お化けを信じる人の多さと同様、日本人が持つ神様やお守りに対するある種曖昧《あいまい》な尊重の気持ちが反映されているとも言えるでしょう。

仏は常にいませども、現《うつつ》ならぬぞあはれなる

日本人の宗教性について考えるうえで、避けて通れないのが神や仏の実在に関する問題です。先のお化けやお守りの例のように、現代でも神様や仏様に対して敬意を払っている人は多いものの、神様や仏様の実在を心から信じているわけではなさそうなのです。

この傾向は、科学が進んだ現代に限った話ではありません。平安時代の末期や鎌倉時代初期であっても、人々は神や仏の実在に対して疑念を抱いていた様子が見られます。

平安時代末期、後白河上皇《ごしらかわじょうこう》が編纂《へんさん》した『梁塵秘抄《りょうじんひしょう》』に収録されたある歌をご紹介しましょう。

「仏は常にいませども、現《うつつ》ならぬぞあはれなる、人の音せぬ暁に、ほのかに夢に見え給う」

この歌の意味は、「仏は現れないからこそありがたい」というもの。もし当時の人々が、本当に仏の実在を信じていたならばこのような歌は成立し得ないでしょう。そう私は感じてしまうのです。

追って本書でも詳しくご紹介していきますが、安土桃山《あづちももやま》時代に豊臣秀吉《とよとみひでよし》がキリスト教を禁じる伴天連追放令《ばてれんついほうれい》を出した際、大名たちにかたちだけでも信仰を捨てるよう命じました。ここで肝心なことは、秀吉は「心の中での信仰は問わないから、表向きの信仰を捨てるように」と求めた点です。

キリシタンだった黒田官兵衛《くろだかんべえ》や蒲生氏郷《がもううじさと》などの大名たちは、信仰を形式的に捨てることで命令に従いつつ心の中での信仰は保持していました。事実、黒田官兵衛は死後、キリスト教の葬式によってその死を見送られました。唯一、見かけだけでも信仰を捨てることを拒否したのが高山右近《たかやまうこん》です。彼は信仰を表面的に捨てることすら拒んだことで、明石に六万石あった領地を没収され浪人となりました。

「かたちだけ」の信仰を捨てた大名があまりに多かった様子からは、神の実在を心の底からは信じていなかった日本人の姿が垣間見られます。

第１章では、日本人の宗教的グレーゾーンの背景を考える前提として、日本人の精神性や宗教に対する考え方について振り返っていきましょう。

兄弟が天皇家と隼人族《はやとぞく》の祖先に

日本の宗教を考えるうえで欠かせないのが、その国土と自然環境の関係性です。広大な砂漠や荒野などの単調な風景が続く諸外国とは異なり、日本の自然は起伏に富んでおり複雑で美しい地形が特徴です。仏教が到来する以前の日本では、その豊かな環境から自然崇拝が生まれ八百万《やおろず》の神々をあがめる神道がつくり出されました。

日本人が自然を強く意識し、神性を見出してきたことは、『古事記』や『日本書紀』をはじめとするさまざまな神話からも垣間見られます。

その中でも個人的に大変興味深いのが、海での漁を得意とする兄の海幸彦《うみさちひこ》と山での狩りを得意とする弟の山幸彦《やまさちひこ》という兄弟の物語。ある日、山幸彦が兄に「互いの道具を交換してみよう」と提案します。しかし、兄の釣り道具を借りた山幸彦は、釣り竿をうまく使いこなすことができず釣り針を失ってしまいます。

困った山幸彦は兄に謝りますが、海幸彦は許してくれず山幸彦は釣り針を探すため海神《わたつみ》の国（竜宮）へ向かうことに。そこで、彼は海神の娘と出会います。彼女の助けで釣り針を見つけ出したうえ、海神から特別な力を授かりました。

陸上へ帰還後、山幸彦は兄からさまざまな言がかりをつけられますが、海神たちの助けを借りることで最終的には兄を打ち負かします。その後、山幸彦は天皇家の祖先となり、海幸彦は海洋民族であった隼人族《はやとぞく》の祖先となったと言われています。

海幸彦と山幸彦の物語から考える「山」への敬意

海幸彦と山幸彦が本当に天皇家や隼人族《はやとぞく》の祖先だったかどうかは実際にはわかっていませんが、この物語で私が気になるのは終始一貫して山幸彦が善玉、海幸彦が悪玉として描かれている点です。

この物語から推測するに、日本人は海よりも山への畏敬《いけい》の念が強いように思います。

根拠の一つが、仏教の影響を強く受けた「補陀落渡海《ふだらくとかい》」というめずらしい概念です。「補陀落《ふだらく》」とは、観音菩薩《かんのんぼさつ》が住む海の向こうにある浄土の「山」であり、苦しみから解放された安寧の世界を意味する理想郷です。これに対して、現実の世界は苦しみや煩悩が満ちた「海」とされます。修行や救済への道は、この二つの世界を行き来する旅であると仏教の世界では説かれていました。そのため、浄土を目指し海へ向かってタライに乗って舟出する儀式（実際には沈没する）も存在しました。

ここで注目したいのは、「海」が神聖視されておらず、あくまで恵みがあるのは「山」である点です。

ちなみに、補陀落渡海のように「海を渡った先によいものがある」という考え方は、日本にはあまり見られません。ニュージーランドや赤道直下の地域では、「カーゴ信仰」のように「海を渡ってよいものがやってくる」という信仰が存在しますが、同じ島国であっても日本ではこれに類似する考え方は少ないようです。

一部、沖縄の「ニライカナイ」という思想は、海の向こうに神の国があり、海を渡ってよいものがやってくるという考え方なので、補陀落渡海に近いものがあるでしょう。しかし、日本全体でみれば、「海を渡るとよいものがある」という概念は、それほど強く普及していなかったようです。

もちろん周囲が海に囲まれた島国の日本ですから、一部では「海から来たものはよいもの」という考え方もあったはずです。その片鱗を、鎌倉時代に登場した武家の法律「御成《ごせい》敗式目《ばいしきもく》」の漂流物に関する規定から垣間見ることができます。船が難破した時、岸に打ち上げられた漂流物は荷主と漂流物を拾った者が半分ずつ取ってよいというもの。現代の感覚では、原則的に漂流物は荷主のものであり、見つかったら返還が当たり前だと思われますが、当時は「半分もらってもよい」という規定があった。この考え方には、当時の人々が抱いていた「海の向こうからよいものがやってくる」という意識が影響しているのかもしれません。

一方、日本で御神体として扱われることが多いのが山です。山のみならず清らかな滝や川、岩、木などには神が宿ると考えられ、当時の日本人は祠《ほこら》を建てたり神として崇《あが》めたりすることが多かった。これには、日本人に根付く土地に対する畏敬の念や、土地を尊ぶ信仰が影響していると私は思います。

山での狩猟能力が武士が一人前になる最低条件

平安時代における自然崇拝は、武士の発生において非常に重要な要素を占めています。

そこで取り上げたいのが、平安時代から鎌倉時代にかけての祭りのあり方です。藤原道《ふじわらのみち》長《なが》の治世が終わった後の院政期では、国司が任地でどのような祭りを行ったかは大きな関心ごとでした。

国司とは現代でいえば県知事のような存在で、原則としては自分の任地に赴くことが必要とされていました。武蔵守《むさしのかみ》に任命された場合には、武蔵国まで行き、現地で政治の采配を振るったわけです。『源氏物語』で知られる紫式部《むらさきしきぶ》の父・藤原為時《ふじわらのためとき》も、越前守《えちぜんのかみ》に任命され、福井県に赴き政治を行いました。

国司が任地に赴き、四年間の任期をまっとうするなか、国を挙げて行う一つのビッグイベントがありました。それが、大狩です。

この狩りが行われる目的は、国司という地域のリーダーが、地域の自然の神々に対して感謝の意を表すためです。国司が狩猟で得た動物は、神々からの贈り物とみなされます。獲物に感謝し供物を捧げることで、山々や川、自然の神々、国土の神々に感謝の意を示しました。

なぜこの大狩が重要視されたのかというと、この場に出席することが一人前の武士の証《あかし》とされたからです。

武家に生まれたとはいえ、単に「今日から私は武士になります」と宣言するだけでは、武士になり得ません。周囲の大人たちが大狩への出席を許可することが、その人物を一人前の武士として認める証でした。

大狩に参加するには、山鳩やキジのような小さな獲物から鹿やイノシシなどの大きな獲物を仕留める弓術や、馬を自在に操る馬術など狩猟を行う能力が必要とされました。そのため、武家に生まれた子弟たちは、幼少期から馬術や弓術の修行を行います。逆に言えば、当時の武士とは、馬術に優れ弓を扱う能力を持つ人々、つまり弓騎兵《きゅうきへい》でした。ちなみに、ヨーロッパの騎士と日本の武士はよく比較されますが、ヨーロッパの騎士は長槍《そう》を持つ槍騎兵《きへい》であるのに対し、日本の武士は弓を扱う弓騎兵である点が大きな違いと言えるでしょう。

源《みなもとの》頼家《よりいえ》は大巻狩を通じて頼朝の後継者として認められた

狩りに武士として参加する一つの目安は、元服《げんぷく》を迎え成人した十五歳のときです。この際、山の狩りに参加した若者が獲物を仕留めれば、それは土地の神々からの贈り物とされ、一人前の武士の跡取りとして認められたと考えられていました。

狩りで獲物を仕留めたら、その成果を祝い神々に感謝を伝えるための祭りが開かれました。その祭りは「矢口《やぐち》の祭り」と呼ばれています。詳細や実施方法については地域によって異なるため、正確な情報は定かではありませんが、その集大成として鎌倉時代の歴史書『吾妻鏡《あづまかがみ》』に記録されているのは、源頼朝《みなもとのよりとも》が催した大規模な富士山の裾野での大巻狩です。『吾妻鏡』には、頼朝が開催した富士の裾野の大巻狩で、その息子である頼家《よりいえ》が見事に鹿を射止めたというエピソードが記されています。数日間にわたって行われた狩猟は、頼家が獲物を仕留めたことで一度中断され矢口の祭りが行われました。

重要なのが、矢口の祭りは土地の神に感謝を示す場であると同時に、その武士の子どもが自分の後継者であることを周囲に示す場でもあったことです。この場合も、長男の頼家が鹿を射止めた事実を通じて、頼朝と参加者たちの間では「自然の神々が彼を鎌倉幕府の正統な後継者として認めた」という認識が共有されたのです。

大巻狩や祭りは、単なる狩猟の行事ではなく、自然崇拝と武士の認識の重要な側面を反映した文化的なイベントでもありました。さらに言えば、跡継ぎを定める際に、自然崇拝が大きな役割を果たしていたことがわかります。

霊山・富士山が武士の権力構造に影響

なぜ武士たちがここまで自然を崇拝していたのか。私自身も以前から考えていたのですが、その理由の一つに挙げられるのが「富士山信仰」です。

鎌倉幕府の主要な担い手たちの出身地は、駿河《するが》、伊豆《いず》、相模《さがみ》、武蔵《むさし》の四カ国の出身者が占めています。実は、これらの地域はすべて富士山が見える場所に位置しています。続く武士の階層には、房総半島、すなわち千葉県の下総《しもうさ》、上総《かづさ》、安房《あわ》の地域の出身者が占め、さらにもう一つ下の階層では、北関東の常陸《ひたち》、上野《こうずけ》、下野《しもつけ》の地域の出身者が多かった。つまり、富士山から離れるほどに、幕府に対する影響力は下がっていくのです。

この権力構造を見てみると、富士山に近いエリア出身であること自体が、幕府内では一つの影響力を成立させていたのではないかと考えてしまいます。

江戸幕府を開いた徳川家康《とくがわいえやす》にしても、富士山へはなんらかの想いを抱いていたのではないでしょうか。江戸の町にも「富士見坂」という地名を持つ地域は多いのですが、これは武蔵の国の一部である江戸は富士山がよく見える地域であったことがよくわかります。

江戸幕府を開いた徳川家康は一六〇五年に将軍職を辞します。その後は江戸城を離れ、静岡の駿府《すんぷ》に移り住み、一六一六年に亡くなりました。その家康が最晩年を過ごした地が、松平家が本拠地としていた岡崎ではなく駿府だった。そこには、富士山の存在が影響している可能性も考えられます。

事実、富士山には不思議な力があるとされ、多数の宗教団体がその麓に本拠地を構えています。もしかしたら、霊山としての力を持つ富士山が、自分たちの活動を見守ってくれるという想いが武士たちの間にもあったのかもしれません。

このように、富士山が持つ自然の力への尊敬や崇拝の感情は、日本の長い歴史の中で育まれ、いまだに存在し続けているのです。

自然崇拝と仏教が結びついた山岳信仰

先に紹介した海幸彦、山幸彦のエピソードにはじまり、山に対する信仰を抱く日本人は少なくありません。

なかでも、有名なのが富山県の「立山信仰《たてやましんこう》」でしょう。立山信仰は、富山県の立山を中心に発展した信仰であり、その信仰は主に山岳信仰や修験道《しゅげんどう》と深く関わっています。富山県に行かれたことがある方はご存じかと思いますが、山に目をやると立山連峰が非常にきれいに見えます。特に雪をかぶった立山連峰は格別な美しさで、神秘的な雰囲気を漂わせています。また、目の前には立山連峰、背後には日本海と山と海両方が同時に見える特別な景観は、唯一無二の神々しさも感じさせます。

富山の海は自然の豊かな漁場として知られていますが、理由の一つは立山連峰から流れ出るミネラル豊富な水が富山湾に注ぎ込むためです。ミネラルに恵まれた海水で育つ魚は非常に美味しく、富山の人々に豊かな海の幸をもたらしてきました。

立山の景観や恵みに感謝した人々が立ち上げたのが、立山信仰です。その中には「御《お》師《し》」と呼ばれる役目を担う人々がいて、山麓に住まい、参拝者の案内や宿泊の手配、祈祷《きとう》を担当していました。さらに彼らは「立山曼荼羅《たてやままんだら》」という曼荼羅を持ち歩き、出会った人に見せ、宗教的な説明を行っていたようです。

立山信仰の特徴は、自然崇拝と仏教が一体化している点です。

曼荼羅の冒頭で描かれるのは、狩りをしている人物です。熊や鹿などを仕留めようとして狩人が獲物を追いかけるのですが、仕留めたと思った矢先に、獲物が光り輝き、突然仏の姿に変わってしまった。つまり、獲物はただの動物ではなく、実は仏の化身であった。

そんなストーリーには、そこに生きる動物を含めた自然をむやみに傷つけてはならない、という教えが示されています。このように、山岳信仰は自然崇拝と仏教が深く結びつき、独特な宗教観をかたちづくっていました。

もっとも当時の庶民たちは、神様や仏様がどのような存在かを詳細に理解はしていなかったでしょう。

しかし、重要なのは、人知を超えた自然を崇拝する心が根底にあったということです。滝や川など、神々が宿ると信じられていた自然の場所には、社《やしろ》が建てられ、多くの人が手を合わせました。日本の信仰は、神や仏を「信じるか、信じないか」という二項対立の概念で捉えないので厳格な教えや罰を伴うものではなく、自然と共存するように柔らかで穏やかなかたちで存在していました。

このような信仰は、江戸時代の後も生き続け、現代のレジャーとしての登山文化にも影響を与え続けています。

神道《しんとう》は宗教なのか？

自然崇拝は、すべての自然物に神様が宿るという信仰の元、スタートしています。

しかし、日本という国の礎《いしずえ》ができたおよそ七〇〇年頃に、これまで日本に存在していた八百万の神々にまつわる神話が一度整理されることになりました。

七〇〇年代という時期は、天武天皇《てんむてんのう》と持統天皇《じとうてんのう》という夫婦が天皇に即位した時代にあたり、日本の国の基盤が整った時期だとされています。

この時期に、日本という国の名前が決まり、それまで「大君《おおきみ》」と呼ばれていた君主の存在が「天皇」という名称に改められました。また、日本全国には武蔵国や上野国など、現在の県に相当する単位の国が全部で六十六カ国置かれ、地方行政が意識されるようになったのです。

同時に行われたのが、神様や神話の整理です。それまで、日本各地にはさまざまな神様や神話が存在していたわけですが、この時期に成立した『古事記』や『日本書紀』の中で、日本古来の神々は「国津神《くにつかみ》」という神々へと分類されていきました。

国津神に対して、新たに生まれたのが「天津神《あまつかみ》」という神々です。これは、伊勢神宮で知られる天照大神《あまてらすおおみかみ》を頂点とする高天原《たかまのはら》の神様を意味し、国津神よりも高位の存在とされました。同時に、持統天皇をモデルにしたとされる天照大神の子孫が、現在の天皇家であるという話が成立したのもこの時期です。

どうして日本という国の成立とともに、新たな日本神話が誕生したのか。それは、国造りを行ううえで、天皇という存在が日本の頂点に立つことへの正当性を求めたからだと考えられます。

それまでは、出雲《いずも》には出雲、諏訪《すわ》には諏訪と、それぞれの地域にはそれぞれ独自の王権があり、神話がありました。しかし、大和王権《やまとおうけん》が日本という国を形成する際に、その統治者である天皇が頂点に立つ理由が必要だった。その正当性を論理づけるために、神話の世界で、地方の神様である「国津神」は高天原の神様「天津神」に従属するかたちで位置づけられたのだと考えられます。これにより、神話世界は統合され整備されました。

明治時代に入り神社本庁が設立されると、高天原系の神々を祀る神社は、明治政府から直接供物が捧げられる「官幣社《かんぺいしゃ》」という神社になります。そして、次に元は国司が供物を出す「国幣社《こくへいしゃ》」という神社が置かれ、神社や神様にも等級が付けられることになりましたが、これについては後述します。

自然崇拝がかたちを変え生まれた「神道《しんとう》」は、はたして宗教なのでしょうか。「神道とは宗教の枠組みにとらわれない独自のものだ」と指摘したのが、明治時代の歴史学者である久米邦武《くめくにたけ》です。

彼は、重野安繹《しげのやすつぐ》や星野恒《ほしのひさし》とともに、史料編纂所を設立した偉大な歴史学者の一人です。日本史という学問の発展に貢献する中で、久米は神道を「祭天《さいてん》の古俗《こぞく》」と表現しました。つまり、「神道とは天を祀る古い習慣に過ぎない」という見解を示したのです。

彼が神道を単なる古い習慣、つまり「古俗」と位置付けた理由は、宗教とは本来は哲学や教義、経典などで多くの信者を惹きつけるものですが、神道はそれらの要素がなく、単なる儀式だと考えたからです。

久米の見解は、国家神道や公的な宗教のイメージを損なうものだったため、大変な批判を招き、東京帝国大学を辞職することになりました。なお、彼は佐賀県出身で、おそらく大隈重信《おおくましげのぶ》と交流があったようで、辞職後は早稲田大学に転任し、その後も研究者としてのキャリアを続けることができました。

私自身も、神道を一般的な宗教の枠組みで捉えるのは難しいと感じています。神道は、宗教としての枠組みに収まらない部分が多く、正確に評価するのが難しいからです。

ですが、日本人の精神性を培《つちか》ううえで、神道が大きな役割を果たしたことは、疑う余地はありません。私自身、自分が決して信仰に厚い人間だとは思っていませんが、神社の前を通り過ぎたときに思わず頭を下げてしまうのは、まさに神道が根付いた日本で育ってきたからにちがいありません

神を利用していた「湯起請《ゆぎしょう》」

古くから日本に根付いてきた神道ですが、日本人がどこまで神罰を恐れていたのかを検証するうえでわかりやすい題材になるのが、室町時代の裁判で行われた「湯起請《ゆぎしょう》」です。湯起請とは、熱い熱湯に手を突っ込ませ、神仏に誓いを立てて「私は嘘を言っていません」と宣言させる裁判方法です。その人が嘘をついていなければ、神仏が手を守ってくれるので火傷《やけど》をしません。その人が嘘をついている場合、熱湯によって大火傷を負うことになるという理屈です。

すなわち、この裁判で大火傷を負った者がいれば、有罪ということで裁判に負けることになります。また湯起請を行うと告げたときに、法廷に出てこなかった者がいれば、「嘘

をついているから湯起請を避けたのだ」として、出廷しなかった者が負けと判断されます。

古代日本でも、同じような裁判方法が、「盟神探湯《くかだち》」として行われていましたが、その後、長い間日本の歴史からは姿を消していました。そして、なぜか室町時代の一四三〇年ごろに、再び姿を現しています。

「湯起請」が生まれた背景について考えてみると、当時の裁判制度の一端が見えてきます。

室町幕府の裁判も現代と同様で、誰かと誰かが争った場合、当然ながら両者の言い分は異なります。裁判官にあたる役人は、経験から「あいつは嘘をついているな」という直感を持っていても、証拠がなければ判決を下すことができません。そこで用いられたのが、この「湯起請」だったと私は解釈しています。

冷静に考えてみると、誰がどんな宗教を信仰していようとも、熱湯に手を突っ込めば確実に火傷はします。どんなに神仏を信じていても、物理的な現象は避けられません。おそらく当時の幕府の役人たちも、それを理解していたはずです。ですから、「こいつは嘘をついているな」と感じたときに湯起請を行い、犯人に熱湯に手を突っ込ませることで事実を明らかにしようとしたのでしょう。逆に「この人は嘘をついていないだろう」と感じた場合には、お湯をぬるくして、手を入れても無傷で済ませていた可能性があるのではないでしょうか。

つまり、幕府の役人たちは神や仏の名を借りて裁判を行っていたわけです。ここから読み解けるのは、当時の知的階級であった幕府の役人たちは、神仏を利用して裁判を進めていたという疑惑です。彼らは神仏に多くの土地を寄進し、建物の修繕を行うなどの行動を通して、形式的には敬意を示していました。しかし、このように神仏を利用する行為を見ると、果たして心から神仏の実在を信じていたわけではないでしょう。このような事例は、日本人が神仏の実在をどの程度信じていたのかを考えるうえで、一つの材料となるように思います。

ちなみに、海外にも湯起請と似たような事例は存在します。中世のハンガリーの教会に残された判決事例には、教会が裁判を行う際に非常に特異な方法を用いていたことが記録されています。その特殊な方法とは、熱湯に手を突っ込ませるのではなく、焼いた鉄棒を握らせるというもの。嘘をつく者や神に対して不届きな行いをしている者は火傷をしますが、信仰深い者は火傷しないとされており、実際に火傷を負った事例も多く報告されています。

ハンガリーでも、裁判を担当する司祭が神の名の下に手心を加えて、勝たせたい者には冷たい鉄棒を握らせ、負けさせたい者には熱い鉄棒を握らせていた可能性が高い。このように、神を利用した裁判は、日本だけでなく他の地域でも行われていたのかもしれません。

くじ引きで将軍を選んだ室町幕府

室町時代には神を政治の道具として利用した形跡が、他にもあります。それが、湯起請が行われた一四三〇年代の直前に起こった、室町将軍の選定です。一四二九年、足利義教《あしかがよしのり》が第六代室町将軍に就任しましたが、彼が将軍になった経緯は、なんと「くじ引き」によるものだったことで知られています。

今では考えられないような選定方法ではありますが、その方法とは、石清水八幡《いわしみずはちまん》の社頭で四人の候補の名前が書かれたくじを引き、決定するというもの。開いたくじに足利義教の名前が書かれていたことで、神様が義教を将軍に選んだとみなされたのです。ただ、湯起請の事例で見られるように、神や仏を利用する考え方が当時のセレブたちに共有されていたならば、このくじ引きも操作されていた可能性は十分にあります。

八百長を仕掛けた人物として、私が疑惑を持っているのは、当時の政治顧問であった三《さん》宝院満済《ぼういんまんさい》という僧侶です。歴史研究者の中にはこのような疑念を素直に受け入れない人が多いようですが、将軍の任命のような一大事であれば、神仏を利用した八百長があっても不思議ではないように思います。その背景としては、人々が神仏の存在をあまり恐れていなかったことが大前提ではありますが。

以前、『お坊さんバラエティ ぶっちゃけ寺』という番組に出演した際、東北福祉大学の学長である曹洞宗僧侶の千葉公慈《ちばこうじ》さんは、「昔の武士たちは、あの世の存在を、私たちとは異なるかたちで信じていた」と解説をされていました。しかしながら私自身の率直な感想としては、当時の人々があの世や極楽の存在を本当に信じていたのかは疑わしいと感じています。

神罰を恐れなかった江戸時代の遊女たち

庶民たちが神罰をどう考えていたのかがわかる事例として、代表的なものが「起請文《きしょうもん》」でしょう。これは、自分の言葉に偽りがあれば罰を受けると誓う文書で、文章にある約束事を破った場合は、自分の体や健康に罰が当たるのだと多くの人は考えていました。この

「罰が当たる」という考え方は、古くから日本の宗教観に根付いていたものです。
しかし、私が考えるに、どうも人々が本気で神を信じて、約束事をしていたとは思えないのです。その代表例が、江戸時代の遊女たちがお客への愛を誓うときに、起請文を書いていたことです。

落語の演題である「三枚起請《さんまいきしょう》」をご存じでしょうか。この作品は、間抜けな三人の客が遊女に夢中になり、彼女が自分に心底惚れていると信じ込むというストーリー。一人の客が「見ろ、この起請文を持っているんだ。これは俺に惚れている証拠だ」と起請文を他の客に見せて自慢するわけですが、別の男も「いや、俺も持ってるぞ」と言い出す。そうして三枚の起請文が揃ってしまった。

三人の男たちは全員で遊女のもとに行き、「なぜ神に誓った起請文が三枚も存在するのだ。一体、どういうことなんだ」と問い詰めます。

さらに、起請文は、熊野の神様に誓いを立てるものです。熊野の神の使いといえば、三本足のヤタガラスで知られています。当時、起請文に嘘を書くと熊野のカラスが三羽死ぬと言われていたので、「お前が嘘をついたせいで、熊野中のカラスが死んでしまうのではないか」と男たちは彼女を非難しました。

すると、遊女はこう言うわけです。「ゆっくり朝寝がしてみたい」と。

つまり、遊女たちの商売は夜が長いので、朝ゆっくり眠りたいのだけど、カラスが朝にカアカアカアと鳴いてうるさい。だから起請文を破ってカラスが死ねば、彼女はゆっくり朝寝坊ができる。そんなオチで、この演題は幕を閉じます。

この話からわかるのは、遊女は起請文に書かれた内容を真に受けているわけではないということです。彼女たちにとって、起請文はあくまで方便であり、客に対して「あなたが大好きです」とアピールするための手段に過ぎなかったのです。

本来、起請文は「これは絶対に真実である」と誓うためのものですが、それを方便として使う者も出てくるようになった。もし遊女たちが神の存在を本当に信じていれば、神に誓う起請文に嘘を書くことなど許されないはずですから、少なくとも彼女たちは神の存在を信じていなかったのでしょう。

第2章　仏教が根付いたのは「多神教」だったから

日本で平穏に受け入れられた仏教

新しい宗教が新たな土地に根差すとき、しばしば社会に大きな波紋を引き起こすものです。事実、キリスト教がローマ帝国に定着するまでの過程では、非常に多くの血が流されました。迫害や弾圧が繰り返され、初期のキリスト教皇帝たちの多くが殉教者として命を落としたのは、みなさんもご存じの通りです。

ところが、日本における仏教伝来の際は、宗教に対する激しい抵抗やアレルギー反応はほとんど見られませんでした。もちろん、仏教受容派の蘇我氏《そがし》と仏教反対派の物部氏《もののべし》が対立し、物部守屋《もののべのもりや》が討ち取られるという出来事もありましたが、この争いで大量の血が流れたわけではありません。他宗教と比較して相対的に見れば、仏教はごく平穏に日本に受け入れられたと言えるでしょう。

日本に仏教がすんなりと受け入れられた理由の一つは、当時の日本人にとって宗教そのものが初めての体験であったことが挙げられます。

日本に仏教が入ってきたのは欽明天皇《きんめいてんのう》の時代ですが、その時、仏教は天皇の心を掴み、国を導く教えとして根付いていきました。日本に先に根付いていた神道は、自然崇拝的な要素が強く、経典や教義が厳密に整っているわけではありません。その点、仏教は、日本人にとって初めて出合う本格的な宗教として新しい魅力をもっていた。だから、経典もなければ教義も確立されていない神道よりも、仏教のほうが、宗教としては上位に置かれたのです。

さらに、日本には神道以外に強力な宗教が存在せず、仏教は他の宗教との競争がありませんでした。これも仏教が普及した大きな要因だったのでしょう。

特に日本人の心を捉えたのが、仏教周辺にある美術や音楽といった文化的要素です。建築物や仏像、装飾品といった仏教美術の美しさは、仏教の教えそのもの以上に、多くの人々の心を強く惹きつけたことは間違いありません。

東大寺の大仏や薬師寺のような壮麗な建築物が、奈良を中心に次々と建てられることで、日本中に仏教の存在感が強まっていく。その過程には、仏教芸術が果たした重要な役割を感じます。そして、仏教の伝来と受容は、日本の宗教史において重要で、かつ大きな転換点となりました。

さらに、当時の日本は、東アジアの国々との関係の中で、独自のアイデンティティを確立しようと模索していた時期でもありました。

仏教が伝来以後の六〇〇年代は、聖徳太子《しょうとくたいし》が推古天皇《すいこてんのう》の摂政として立っていました。彼は仏教の受容に積極的に関わることで、その後の日本の宗教的基盤を築いていきます。そして、この時期は、聖徳太子が国としての存在感を示すため、隋《ずい》の皇帝に「日出処《ひいずるところ》の天子」という有名な国書を送ったことでも知られるように、日本が東アジアにおける国家としての準備を整えていた時代です。

伝来後、仏教が持つ文化的な影響力は、単に宗教的な教えにとどまらず、日本の美術や建築、音楽など多くの分野にわたって浸透します。これにより、日本は東アジアの中で独自の文化を発展させ、国際社会での存在感を示していきました。同時に、仏教は日本の文化や宗教に深く根を下ろし、長い歴史を通じて日本人の心に響き続けることになったのです。

「白村江《はくそんこう》の戦い」から国の立て直しを迫られた日本

聖徳太子の時代を経て奈良時代に入ると、仏教は国家宗教としての立ち位置を確実なものにします。

この大きな変革の背景には、六六三年に起こった「白村江《はくそんこう》の戦い」が大きく関係しています。かつてこの戦いは「白村江《はくすきのえ》の戦い」と呼ばれていたので、その名前でご存じの方も多いかもしれません。

戦争の舞台となったのは、朝鮮半島における新羅《しらぎ》と百済《くだら》です。当時、朝鮮半島では高句《こうく》麗《り》、新羅、百済という三国が争っており、最終的には新羅が統一王朝を築くことになります。この過程で百済が滅ぼされましたが、日本と非常に友好関係が深く、日本に仏教が伝わったのも百済経由だったことも有名です。

国を追われた百済の王族たちが日本に助けを求めたことから、朝廷は朝鮮半島に大軍を送りました。しかし、新羅は中国大陸の唐《とう》に援軍を頼んだので、唐と新羅の連合軍と、百済残党と日本連合軍が白村江で大激突を繰り広げます。そして、日本は大敗を喫し、大きな損失を被りました。日本は朝鮮半島での影響力を完全に失い、多くの権益を放棄することになります。そして、深刻な国力低下に直面し、日本という国を再建することが急務となったのです。

当時の中大兄皇子《なかのおおえのおうじ》（のちの天智天皇《てんじてんのう》）は、国家の防衛を強化し内政を整えるため、国家の立て直しを図りました。この危機的状況が、日本の国としての基礎を確立するための大きなきっかけとなり、七〇〇年ごろの日本の成立に影響を与えたことは間違いありません。

仏教を通じて国を守る「鎮護国家」という思想

六六三年の白村江の戦いでの敗北以降、日本は外国からの侵攻に対する恐怖を抱いており、国力の強化が急務とされていました。この危機感の中で、仏教は国家を守るための一つの手段として重視されたのです。

外国の脅威に対する不安をなくすため、鎮護国家、つまり仏教を信仰することで国家を守るという理念が生まれます。この時点で、仏教とは単なる宗教ではなく、国家宗教として、国家の安定を維持する重要な要素として位置付けられました。

この時期、奈良に伝えられたのが、南都六宗《なんとろくしゅう》（三論宗《さんろんしゅう》、成実宗《じょうじつしゅう》、法相宗《ほっそうしゅう》、倶舎宗《くしゃしゅう》、華厳《けごん》宗《しゅう》、律宗《りっしゅう》）と呼ばれる六つの仏教の教えです。特に力を持ったのが華厳宗と法相宗という二つの宗派です。華厳宗のお寺として有名なのが東大寺《とうだいじ》、法相宗の有名なお寺としては薬《やく》師寺《しじ》などが挙げられます。

南都六宗の教義は、現在の宗教とは少し異なる趣を持っています。まず、内容が非常に難解で、理解するには非常に高度な学問と修行を求められたので、必然的に僧侶になるのはエリートばかりでした。

現在では、誰でもしかるべき手順を踏めば僧侶になれますが、この時代に僧侶になるのは非常に険しい道で、「なりたいです」と言ったからといって、誰でも僧侶になれるわけではありません。正式な僧侶になるためには、「得度《とくど》」と呼ばれる儀式を経て、お坊さんとしての誓いを立てる必要があります。誓いの内容には、飲酒の禁止、妻帯の禁止、生き物を殺さない、盗みをしない、肉を食べないといった、五つの戒律が含まれていました。

国は、東大寺、観世音寺《かんぜおんじ》、下野薬師寺《しもつけやくしじ》などの寺に戒壇《かいだん》を設け、一定の資格を満たした人が、これらの寺で仏教の戒律を授かり得度する。この手続きを踏まないことには、誰一人として僧侶だとは認められなかったのです。僧侶になれる人数も毎年厳しく少数に制限され、その狭き門を潜り抜けられた人たちは、国家に公認された特権的な存在としてみなされたのです。

一部で存在したのが、「私度僧《しどそう》」と呼ばれる人々です。彼らは、正式な僧侶とは異なり、国家が認める僧侶制度に属していませんでしたが、僧侶のような生活を送っていました。

興味深いのが、この時期の仏教は、現代で言う「癒し」や「慰め」の宗教ではなく、国家を守るための重要な柱として位置付けられていたことです。これは本書においても、重要なテーマになりますので、ぜひ心に留めておいていただければと思います。

南都六宗の仏教は、人々を救済するというよりも、国家の安定や繁栄に寄与することを目的とする性格が強く、僧侶たちは人々の癒しや救済よりも、学問や経典の研究に力を注いでいたようです。

なぜ神道の八幡様《はちまんさま》が仏教に協力的だったのか？

仏教が国家宗教として政治と非常に近い間柄になるにつれて、政治に関与する僧侶も現れ始めます。なかでも有名なのが、法相宗の僧侶であった道鏡《どうきょう》でしょう。彼は、聖武天皇《しょうむてんのう》の娘である称徳天皇《しょうとくてんのう》の病気を治したことをきっかけに、天皇と非常に密接な関係になり、朝廷の政治に深く関与するようになります。一説によれば、称徳天皇と道鏡は、単なる政治的な関係を超えて男女の関係にもあったとされています。

称徳天皇が自分の寵愛する道鏡を天皇にしたいという想いが高まったのか、はたまた道鏡が自分から皇位が欲しいと詰め寄ったのかはわかりませんが、次第に道鏡を天皇にしようという話が持ち上がります。

この一件で、重要な役割を果たした宇佐八幡宮《うさはちまんぐう》です。大分県宇佐市にある宇佐八幡は、八幡様《はちまんさま》の総本山として知られており、現在、日本の神社の中で最も多くの分社を持つ神社としても知られています。

宇佐八幡が祀られている地域は、大分県に位置しており、その南には隼人族と呼ばれる勢力が存在していました。隼人族は大和王権に対して反抗し、大和王権は軍船を派遣して彼らを討伐しました。この討伐軍が宇佐に上陸し、戦勝を祈願したのが宇佐八幡でした。それ以来、八幡様は武の神として信仰されるようになったのです。

余談ですが、武の神としての地位を確立した後の八幡様は、源氏との結びつきが強まります。中でも有名なのが、源氏の武将である八幡太郎義家《はちまんたろうよしいえ》との関わりでしょう。彼は、石清水八幡で元服を行ったことから、その名を八幡太郎と名乗りました。義家の子孫が鎌倉幕府を開いたあの源頼朝《みなもとのよりとも》です。このように源氏と八幡様は深い関係を持っていたことから、有名な鶴岡八幡宮《つるがおかはちまんぐう》が鎌倉の地に建てられたのです。

八幡様が興味深いのは、仏教に対して排他的でなかったことです。

奈良時代、聖武天皇が鎮護国家のために大仏建立を決意したときも、宇佐八幡宮はこの大事業に真っ先に協力を申し出ました。神道の神である八幡様が、仏教の大仏建立に協力するのは、いわば他宗教に協力するようなものなので不可解に思えます。しかし、多神教である日本ではそれが当たり前のように受け入れられていたのです。

この協力により、朝廷は宇佐八幡を高く評価し、東大寺の守護神として「鎮守八幡《ちんじゅはちまん》」を祀ることになりました。この鎮守八幡は、仏教を守る神としての役割を担い、東大寺の守護神となり、現在でも「手向山八幡」としてその姿を残しています。

注目したいのは、この手向山八幡様の本尊が、「僧形八幡《そうぎょうはちまん》」という僧侶の姿で祀られている点です。この僧形八幡は、仏師の快慶《かいけい》が彫っており、非常に見事な彫刻としても知られています。ご神体が神でありながら僧侶の形をしていたのは、それだけ仏教と神道が深く交わり、融和していたことの象徴でしょう。

こうして八幡様は日本において武の神であると同時に、歴史を通じて仏教とも深く関わる存在となりました。そして、日本の神社は仏教との融和を進め、共存するかたちで発展していったのです。

神託《しんたく》を変えることで朝廷の信頼を勝ち得た宇佐八幡宮

時代の風を読み、日本の歴史に積極的に関わってきた八幡様ですが、この道鏡事件における工ピソードは非常に興味深いものがあります。

道鏡を天皇にしようという動きが持ち上がったとき、宇佐八幡宮の神官たちはいち早く「道鏡を天皇にすることが神意である」という神託《しんたく》を告げたのです。早い話、今後、道鏡が天皇になるなら、そのとおりの神託を宣言するほうが、自分たちも彼から恩恵を受けられると考えたのでしょう。

しかし、この神託は、八幡様にとっては予想外の結果を招きます。なぜなら、貴族たちが、「天皇家の血筋に連なる者以外が天皇になることは許されない」と宇佐八幡の提案に激しい反発を示したからです。その中で、次第に「本当に宇佐八幡宮はこんなおかしな神託を出したのか」と疑念の声が上がるようになります。そして、和気清麻呂《わけのきよまろ》という人物が宇佐に派遣され、八幡様の真意を確かめに行くことになりました。

和気清麻呂は、宇佐八幡宮の神官たちと話し合い、道鏡を天皇にするという提案が貴族や朝廷の意向に強く反することを伝えたのでしょう。その結果、前の神託は覆され、八幡様は「道鏡を天皇にするべきという神託は偽物の神がしたものだ。どこの誰ともわからない道鏡のような人間が皇位についてはならない」という、まったく正反対の神託を告げたのです。

和気清麻呂が、新しい神託を持ち帰り、朝廷に報告することで、道鏡の天皇即位は阻止されました。もちろん、称徳天皇や道鏡は激怒し、使者である和気清麻呂は「別部穢麻呂《わけべのきたなまろ》」という屈辱的な名前に変えられ、左遷されてしまいました。憂き目にあった和気清麻呂ですが、称徳天皇が亡くなると、道鏡は後ろ盾を失い、失脚。その後、和気清麻呂は再び朝廷の一員として貴族社会に戻ることができました。

この一連の事件の後、宇佐八幡宮は都が京都に遷都されると同時に、その影響力をさらに強めることになります。

まず、八幡宮を「石清水八幡宮」として現在の京都の男山《おとこやま》に移し、朝廷の尊崇を受ける神社としての地位を確立しました。石清水八幡宮は、平安京の裏鬼門を守護する位置にあり、風水的にも重要な役割を果たしたのだと考えられています。

さらに神社内の格付けでも、石清水八幡は格別の扱いを受けます。戦前まで行われていた儀式に、朝廷が選定した二十二の神社に対して正式な奉幣を行う二十二社奉幣《にじゅうにしゃほうべい》というものがあります。二十二の神社はそれぞれに位付けされており、第一位は高天原の最高神である天照大神を祀る伊勢神宮が選ばれました。伊勢神宮の次に高位の神社とされたのが、なんと京都の石清水八幡宮でした。この順位を見ても、八幡様は朝廷から大きな評価を受けていたことがよくわかるでしょう。

八幡様は時代ごとにその役割を変えながらも、常に朝廷や武士階級との深い結びつきを維持し、神道と仏教の間で調和を保ちながら日本社会の重要な柱となっていったのです。

京都への遷都は仏教界の影響力をそぐため？

道教事件のように奈良の僧侶が力を強めていくなか、次第に朝廷はその勢力に危機感を抱くようになります。第五十代天皇に即位した桓武天皇《かんむてんのう》は、奈良の都を放棄し、新たな都を建設することを決意しました。新しい都として京都が選ばれ、平安京がつくられました。

ちょうどこの時期、仏教界でも大きな変革が起こります。天台宗《てんだいしゅう》の開祖である最澄《さいちょう》と、真言宗《しんごんしゅう》の開祖である空海《くうかい》による仏教改革です。従来の奈良の仏教、特に南都六宗と呼ばれる仏教は、国家を鎮護するための教えが中心でしたが、その内容は直接的に人々を救うというよりも、仏教を信仰することで国家が安定し利益をもたらすという発想が中心にありました。だからこそ、仏教と国家の結びつきが強まっていったのですが、その結びつきの強さに対して桓武天皇は不安を抱き、奈良のお寺たちと距離を置くために遷都を行ったのだというのが現在の定説として考えられています。

私自身はこの説に対してあまり納得はしていませんが、確かに道鏡事件は朝廷や貴族に大きなショックを与えたことは間違いありません。この事件は、女性天皇が愛した男性であれば、どこの出身かわからない者でも天皇になり得るという危険性を浮き彫りにした事例でした。これに懲りた貴族たちによって、平安時代には女性天皇を置かないという暗黙のルールが生まれたのでしょう。

しかし、それこそが、桓武天皇が南都仏教の影響を避けるために遷都を決めた理由なのか、私にはいまだに疑問が残ります。奈良の仏教勢力はあくまで遷都の一因ではあったかもしれませんが、それだけで遷都が決定されたのか、はっきりとした証拠は見つかっていません。今後、遷都と仏教の影響については、より一層の解明が待たれるところだと感じています。

第3章　多才な空海《くうかい》と孤高の最澄《さいちょう》

高野山《こうやさん》や比叡山《ひえいざん》からわかる僧侶の修行の過酷さ

南都仏教が主流だった日本の仏教界に、新たな風穴を開けたのが最澄《さいちょう》と空海《くうかい》による仏教改革です。

この二人について語るとき、多くの人は最澄が比叡山延暦寺《ひえいざんえんりゃくじ》を拠点として天台宗を開いた人物で、空海が高野山金剛峰寺《こうやさんこんごうぶじ》を拠点として真言宗を開いた人物だと認識しています。しかし、一つ訂正が必要です。空海の拠点は高野山ではなく、実は京都にある東寺《とうじ》でした。あくまで、高野山は修行の場に過ぎず、正式な拠点は京都の東寺だったのです。

先述したとおり日本では、山は神聖な存在とされていましたが、比叡山や高野山も例外ではありません。現代にも残る多くのお寺が「〇〇山」と名乗るのも、山に対する信仰が深いことの表れです。

最澄が修行したとされる比叡山はそれほど高くはない山ですが、非常に寒く、険しい地形を保っています。冬には雪が長く残り、生活する場としては非常に厳しい環境だと言わざるを得ません。

空海のいた高野山もまた厳しい自然環境を持っており、戦国時代には、高野山に流されることが一種の追放刑として行われていたほどです。流された者たちは、厳しい環境が原因で、その多くが一～二年で命を落としています。事実、織田信長《おだのぶなが》の重臣であった佐久間《さくま》信盛《のぶもり》も高野山に流され、間もなく死んでしまいます。また、北条氏の当主であった北条氏直《ほうじょううじなお》も、小田原《おだわら》攻めで降伏した後、高野山に送られ、若かったにもかかわらず短期間で命を落としています。こうした事例を見ると、僧侶たちの修行する環境が、いかに過酷だったかがわかるでしょう。

なお、比叡山については、面白い話があります。京都は風水を考慮してつくられた都市ですが、その中で、平安京の裏鬼門を守っていたのが石清水八幡で、鬼門を守っていたのが比叡山延暦寺だと言われることがあります。しかし、最澄が比叡山に延暦寺を建立したのは、平安京が都として定められる以前のことです。平安京の鬼門を守るために延暦寺が建てられたのではなく、延暦寺が存在していた場所に、後から平安京が設けられたというわけです。よく知られている鬼門説は、実は偶然の結果に過ぎないのでした。

最澄より空海のほうが経済的に恵まれていた

さて、最澄と空海は、同じように唐に渡って仏教を学んだわけですが、立場は微妙に異なっています。最澄は国費留学生として、空海は私費留学生として、唐に渡っています。一見すると、私費で行った空海のほうが貧しかったのではないかと思われがちですが、実際の懐事情は真逆です。空海はしっかりとしたスポンサーを得て資金援助を受けており、むしろ最澄よりも経済的には恵まれていました。この点は、現代の国立大学の教授のほうが私立大学の教授よりも給料が安いという実態に似ているかもしれません。

留学中、最澄は天台宗を学び、空海は真言宗を日本に持ち帰りました。なかでも空海は、中国に渡るとすぐに真言宗の師匠に巡り合い、跡継ぎに指名されるという異例の待遇を受けることになります。外国人でありながら、真言宗の後継者として認められた理由の一つは、彼の語学力だったと考えられます。彼はサンスクリット語を自在に操り、学問を進めるにあたって大きな武器となりました。

語学力に加えて、もう一つ武器になったのは、その知識量でしょう。空海は、中国に渡る前から山岳修行を行っていたと言われますが、実際には非常に正統派のインテリだったとされています。その証拠に、空海が書いた書は非常に優れたものばかりです。現代の書家の研究によれば、空海は王羲之《おうぎし》をはじめとする中国の書家を手本にしていたようです。当時、王羲之の書の現物は京都にしかなかったはずなので、「空海は四国で厳しい修行をした」という経歴は後付けで、都できちんと勉強に時間を費やしてきた勉強家だった可能性があります。

語学力と知識力。この二つをもってして、空海は真言宗という新たな宗教を立ち上げる礎をつくったのです。

一方の最澄は、天台宗を学びました。彼が持ち帰った天台宗は日本において南都六宗より新しいものであったものの、当時の中国ではやや古いとされていた教えであり、最新のものではなかったようです。

学び方や背景には大きな違いがありましたが、最澄と空海はともに唐で学び、それぞれ日本に新しい仏教を持ち帰ることに成功。そして、新たな仏教改革を進めていくことになります。

貴族たちが顕教より密教を支持したワケ

それぞれ仏教の教えを持ち帰ったわけですが、最澄が学んだのは「顕教《けんぎょう》」、空海が学んだのは「密教《みっきょう》」であって、内容としては違うものでした。

ここで、顕教と密教の違いについて、簡単に触れておきます。

顕教とは、言葉や文字で説かれた教えであり、仏典に基づき、修行者が一つ一つ教えを積み重ねていくことで、最終的に悟りを得る道です。階段を一歩一歩上るように修行し、やがて解脱《げだつ》に至る。非常に堅実な教えではありますが、悟りに至るまでは時間と鍛錬が必要でした。

一方、空海が広めた密教は、人間の理性では到達できないような秘密の教えを指し、悟りを得るために仏の力を借りるという道が提示されます。密教では、通常の人間の努力だけでは悟りに達することは難しいとされ、仏の神秘的な力を借りて成仏する、いわゆる「即身成仏《そくしんじょうぶつ》」の考え方を説きます。

現代の視点から見ると、摩訶不思議な仏の力を信じる密教は、少し胡散臭いと感じる人が多いかもしれません。しかし、当時の貴族たちは、顕教よりもむしろ密教を歓迎します。

修行を一歩一歩積み重ねる顕教よりも、仏の力を借りて短期間で悟りに達する密教のほうが、簡単、かつ早く効果を得られるのですから、大きな魅力を感じずにはいられなかったでしょう。

密教の人気が高まる中、最澄は危機感を抱き空海に弟子入りし、密教を学ぼうと決意しました。そして、年下の空海に対して敬意を払い、彼の門下に入ります。

しかし、最澄という人は非常に真面目な人だったのでしょう。その学び方があまりにストイック過ぎたがゆえに、次第に最澄と空海の間には亀裂が生じてしまうのです。

事の発端は、最澄が空海に経典を貸してほしいと何度も頼み込んだことでした。最初のうちは空海も快く応じていましたが、最澄は一冊ずつ経典を借りては学び、また次の経典を借りるという方法を延々と繰り返します。ついに空海が「もう勘弁してほしい」と拒否したことから、二人の間には対立が生まれました。

最澄と空海の経典の貸し借りが世紀の仲違いに発展

この仲違いについては、おそらくどちら側にも言い分があったでしょう。最澄は純粋に学びを深めたいという思いから経典を読みたかった。一流の向上心が、彼をそんな行動に走らせたにちがいありません。

しかし、空海にとって、経典とは唐から命がけで持ち帰った宝のようなものです。遣唐使として唐から日本へと帰る際、おのおのに割り当てられる荷物のスペースは限定されています。限られたスペースに、どれだけ多くの経典を乗せ、持ち帰れるかは、まさに死活問題です。その点で言えば、空海が持ち帰った経典は、彼自身の命と引き換えに持ち帰ったとも言える貴重なものでした。それを何度も貸してほしいと頼まれては、空海が「自分の命そのものと言える経典をそんなに気軽に借りないでほしい」と抵抗感を抱いたのも無理のない話です。

まさに最澄の真面目さと空海の経典への思いがぶつかり合った結果、両者の軋轢《あつれき》を生んだのだと言えるでしょう。

二人の対立は、のちの仏教界での二大流派の誕生に繋がる、大きなきっかけとなりました。

最澄の必死の勉強にもかかわらず、残念ながら彼の代だけでは、密教の教えを十分に学びきることはできませんでした。しかし、その弟子である円仁《えんにん》や円珍《えんちん》の代になると、天台宗は教義に密教を取り入れることに成功します。その結果、天台宗における密教は「台《たい》密《みつ》」、真言宗の密教は「東密《とうみつ》」と呼ばれるようになります。中学受験などでは「最澄＝顕教」「空海＝密教」と教えられますが、実際には、天台宗も真言宗も両方とも密教を含んでいることを忘れてはいけません。

歴史学者の黒田俊雄《くろだとしお》先生は、こうした中世の仏教の枠組みを「顕密体制《けんみつたいせい》」と呼びました。これは、天台宗と真言宗の教えを「顕教」と「密教」として捉え、その両者が中世仏教の基盤となっているとする考えです。この「顕密体制」というネーミングは非常に魅力的で的確な表現ですが、天台宗も密教を含んでいるため、少し誤解を招く可能性もあります。本当のところは「密教体制」「密密体制」とも言えますが、そんなネーミングでは味気ないからこそ、「顕密体制」という表現が定着しているのかもしれません。

仏教史に大きな影響を与えた「三一権実論争《さんいちごんじつろんそう》」とは？

最澄や空海の著作は、当時の仏教思想を深く反映しています。特に注目すべきは「三一《さんいち》権実論争《ごんじつろんそう》」です。これは、最澄が天台宗を日本に定着させるために活動していた時、会津《あいづ》の僧・徳一《とくいつ》との間で繰り広げた論争を記したものです。

徳一は法相宗の僧で、彼は悟りに至る道には「声聞乗《しょうもんじょう》」「縁覚乗《えんがくじょう》」「菩薩乗《ぼさつじょう》」という三つの異なる境地があると主張していました。一方の最澄は、この三つの境地は方便であり、三つの境地を経て、最終的には一つの悟りに達すると主張しました。

この「三一権実論争」とは、三つの悟りと一つの悟り、どちらが真の教えであるかを巡る議論だったのです。タイトルの「権」は仮の教え、「実」は真の教えを意味し、徳一は自分の教えが真であるとし、最澄は逆に自分の教えこそ真であると主張しました。この「三一権実論争」は、仏教界における非常に重要な思想的対立を生みました。

論争の中では数々のトピックが存在しますが、特に取り上げたいのが「人は仏になれるのか」というテーマです。

最澄の教えの核心には、「誰もが仏になれる」という考えがあります。「草木国土悉皆成仏《そうもくこくどしっかいじょうぶつ》」という考えに基づけば、仏になれるのは、人間に限ったことではない。土や草木といった無機質で自我を持たないものも仏になれると彼は説いています。「すべての存在が仏性を持ち、成仏できる」というこの思想は、のちに「天台本覚論《てんだいほんがくろん》」として発展し、日本の仏教思想の中心的な考えとなっていきます。

最澄が称える「誰もが仏になれる」という教えを突き詰めれば、すべての人間が釈迦《しゃか》のように悟りを開き、教えを説く存在になれることになります。しかし、徳一はこれに反対しました。彼は、人間は「阿羅漢《あらかん》」という存在までしか到達できないと考えていました。阿羅漢とは、仏教修行者としての高い境地に達した者であり、一定の霊的な力を得ているものの、仏とは異なる存在です。人間が仏になれない以上、仏教の教えを説けるのは釈迦ただ一人であり、阿羅漢までにしかなれない人間が仏教を他者に説くことは許されない、というわけです。だからこそ、徳一は、仏教の修行は一人でするものではなく、ともに高め合いながら修行するべきだと主張しました。

この違いは、仏教の二大流派である大乗仏教《だいじょうぶっきょう》と小乗仏教《しょうじょうぶっきょう》の違いに近いものがあります。

小乗仏教は、かつて三蔵法師《さんぞうほうし》がインドから持ち帰り、現在はタイ、スリランカなどで信仰されている思想で、個人の解脱を目指す修行体系です。一方、最澄が説いた天台宗は、大乗仏教の教えです。大乗仏教は、すべての人が仏になり、ともに悟りの道を歩むという考え方です。なお、大乗は「大きい乗り物」、小乗は「小さい乗り物」という意味を持ち、大乗仏教のほうが優れているような印象を与えがちだということで、現在では「大乗」「小乗」という区別は避けられつつあります。

「三一権実論争」の中で、最澄と徳一のやり取りは、非常に感情的で、時には相手をののしり合うほどの激しいものでした。ただ、この議論は、徳一が最澄に対してそれだけ強い影響力を持ち、仏教に対する深い理解を示していたからこそ、実現したと言えるでしょう。

大変興味深いのは、当時の会津のような地方に、徳一という法相宗の僧がいたことです。法相宗は南都六宗の一つであり、かなり学問的な仏教です。最澄と同等に議論できるほどの学識を持つ徳一が、会津という東北の田舎で活動していた事実には驚かされます。のちに日本全国を統一する豊臣秀吉《とよとみひでよし》ですら、東北の詳細な地理や政治に関してはほとんど知りませんでした。その後、東北地方の行政について知ろうと秀吉も東北に足を踏み入れたものの、足を延ばしたのはせいぜい会津まで。東北の南部にしか到達していません。それにもかかわらず、会津に最澄と互角にやりあえる高僧がいたことは、まさに驚くべきこととしか言いようがありません。

最澄は、空海との関係においても密教の扱いについても難儀を抱えたうえ、徳一との議論を通じて、多くの仏教的な課題に直面します。その人生を見ると、非常な苦労人だったと私は思います。

多才でやり手の社長のような空海と孤高の最澄

真面目で堅実な道を歩んでいるように見える最澄に比べると、対する空海は世渡りが上手です。言うなれば、やり手の社長のような存在で、口も達者で手も早く、多才な人物だったと言えるでしょう。

その多彩さは、現在でもさまざまなかたちで残り続けています。たとえば、四国に行くと「満濃池《まんのういけ》」という大きなため池がありますが、この池は空海がつくったとされています。四国八十八ヶ所巡りという巡礼も空海に由来するものですし、空海伝説は四国を中心に広がり多くの人々に親しまれ、愛され続けています。

一方で、最澄は「孤立」とまでは言わないものの、孤高な存在のように見えます。個人的には最澄の姿勢に惹かれる部分があるのですが、空海の天才的な頭脳と多才ぶりには強い魅力を感じますし、及ぼした影響を考えると空海の存在は非常に大きいものでした。

実際、当時の貴族社会で圧倒的に支持を受けたのは、空海であり密教でした。密教が貴族に好かれた理由は、非常にシンプルであったことです。厳しい修行が必要なく、儀式や祈祷を通じて仏の力を直接得られるという教えは、貴族たちには魅力的だったのでしょう。

その結果、貴族たちは仏教を通じて一族の安寧を願い、菩提《ぼだい》を弔うために寺を建立し、自分の家族の一人を送り込むようになります。このようにして、各家の「菩提寺《ぼだいじ》」が形成されていったのです。

しかし、長い目で見れば、天台宗の存在感は非常に大きなものがあります。日蓮宗をはじめ、天台宗からはさまざまな宗派がのちに生まれ、最澄の思想はかたちを変えて世の中に影響を与え続けました。だからこそ、この二人は日本仏教の中で欠かせない存在だったと言えるでしょう。

また、この頃から、仏教の教えと日本古来の神々が融合し、「神仏習合《しんぶつしゅうごう》」というかたちが現れ始めました。その一例として挙げられるのが、空海が修行した高野山にある丹生神《にうじん》社《じゃ》でしょう。この神社は高野明神《こうやみょうじん》とも呼ばれ、空海を高野山に導いた神様が祀られています。同様に、最澄のいた比叡山にも日枝神社《ひえじんじゃ》が鎮座しています。仏教改革が行われるなか、より日本人の感覚に受け入れられるように、地元の神様と仏教が密接に結びついていったのでした。

第4章　「民衆の救済」がなかった平安仏教

密教人気によって生まれた「院家《いんげ》」とは？

　平安時代に入ると、わかりやすく効果が得られやすい密教に、貴族たちはますます深く帰依《きえ》し、支持を集めました。空海が持ち込んだ密教は、大日如来《だいにちにょらい》を中心とした仏の力を借りて悟りを目指す教えで、即身成仏という考え方を含んでいます。即身成仏は、仏の力によって人が現世で仏となることを意味します。

　一方、最澄の天台宗も、密教の要素を取り入れた「台密」を確立しました。空海がもたらした真言宗の密教は「東密」と呼ばれ、ともに平安仏教の基盤となりました。

　密教が貴族から人気を集めるようになると同時に、朝廷でも密教の加持祈祷《かじきとう》が一年中行われるようになりました。これは、祈祷を通じて、病気の治癒や自然災害の防止、国家の平穏を願ったからです。大雨や干ばつ、川の氾濫といった大きな問題が起きたなら、それを鎮めるために、密教の加持祈祷が行われるのが当たり前になりました。平安時代の仏教は、祈祷を通じて朝廷と密接に結びつき、密教による宗教的な儀式が国の安定を図る手段として広く利用されていきます。

　この時代の仏教の特徴は、宗教が司る聖なる世界と政治が司る俗なる世界の結びつきが強かったことです。ヨーロッパなどを見ると、王権とキリスト教の教皇権が対立することも珍しくありません。しかし、日本では、仏教が朝廷を支え、朝廷が仏教を守るかたちで両者は発展を遂げていきます。権力と宗教が密接に繋がった構造こそが、平安時代の仏教の在り方と言えるでしょう。

僧侶になる道筋も、変化を見せます。奈良時代は、国家公認の僧侶の数は限られており、戒壇《かいだん》を通じて狭き門を潜り抜ける必要がありました。しかし、平安時代になると僧の数が増え、正式な戒壇を経る人ばかりではなくなります。特に上位の僧侶は、貴族出身者に占められるようになりました。

これは、僧侶になること自体が、その貴族の一族にとって重要な意味を持つようになったからです。当時の貴族たちは、自分の家族や一族の菩提を弔うための寺を持つことが、重要視されました。そのため、家の跡継ぎにならなかった男子が寺に送り込まれることで、その寺が一族の「菩提寺」として機能するようになります。結果、貴族の家から多くの僧侶が輩出されるようになったのです。

問題は、僧侶になるための修行です。比叡山や高野山のような山岳の寺院は自然環境が厳しく僧侶の修行には適していたものの、貴族出身の子息にとっては過酷すぎます。彼らは「厳しい修行生活を避けたい」という思いから、京都の近郊や時には市街地などに寺を構え、これが「院家《いんげ》」という寺院形態を生み出しました。

院家とは、寺院の中でも独立した財産や建物を持ち、比叡山や東寺といった寺院の支院として機能する寺院です。

天台宗においては、比叡山側の寺院が「山門《さんもん》」と呼ばれ、対する三井寺《みいでら》系《けい》の寺院が「寺門《じもん》」とされました。特に名高い院家としては、山門では青蓮院《しょうれんいん》、妙法院《みょうほういん》、三千院《さんぜんいん》。寺門の三門跡《さんもんぜき》は聖護院《しょうごいん》、実相院《じっそういん》、円満院《えんまんいん》です。

貴族社会が仏教界に入り込み生まれた新たな階層

院家の特徴は、本尊や建物、財産を持ち、さらにそれを運営するトップが「院主《いんじゅ》」と呼ばれる点です。院主は、寺院の指導者である位の高い僧侶を意味します。室町時代の院主の例としては、醍醐寺《だいごじ》の三宝院満済《さんぼういんまんさい》という僧が有名です。彼は醍醐寺の院家である三宝院の院主であり、そののちに醍醐寺全体のトップとなりました。

院家の中でも格の高いものを「門跡」と呼び、また門跡のトップである僧侶も門跡と呼ぶようになりました。門跡や院主は朝廷との深い関係を持ちながら寺院を運営することが多かったようです。さらに、門跡に仕える僧侶たちも中級以上の貴族出身者ばかりでした。こうした上層の僧侶たちは、「学侶《がくりょ》」と呼ばれ、学問や修行に打ち込んでいました。この構造を見ると、貴族社会が徐々に仏教界に入り込むことによって、新たな僧侶階層が形成されていったことがよくわかります。

寺に貴族出身者たちが増えるなか、寺院の日常的な管理や財産の運営を担っていたのが「衆徒《しゅと》」と呼ばれる人々です。衆徒は、主に地元の有力者や農民、さらには武士などから構成され、寺院の生活を支える役割を果たしました。特に、衆徒は寺院の荘園管理《しょうえんかんり》や日常業務に従事する一方で、戦時には「僧兵《そうへい》」として活動することもありました。学侶は戦闘には参加せず、僧兵は主に衆徒によって形成されていたのです。

平安時代から室町時代にかけての仏教界では、貴族出身の僧侶たちと衆徒の分業体制が確立されていきました。そして、寺院は単なる修行の場だけでなく、経済や政治においても存在感を示し、貴族社会と密接に結びついていきました。

平安時代の仏教は「民衆の救済」を意識していなかった

聖なる世界と俗なる世界が一致していたがゆえ、次第に仏教界の指導層は、ほとんどが貴族階級やその子孫たちによって占められていきます。つまり、社会の中での権力構造が寺院にも持ち込まれるようになったのです。権威や地位による支配が根強く、批判的な意見を言える余地はほとんどない。そんな体制が、天台宗や真言宗の仏教界の在り方としてかたちを成していったのです。

階級社会が強まる中でも、時折現れたのが「法力《ほうりき》」を持つ僧侶です。彼らは、祈りによって雨を降らせたり、雨をやませたりといった奇跡を起こすと信じられていました。これは、比叡山延暦寺の僧侶たちがたまに行う超人的な修行「千日回峰行《せんにちかいほうぎょう》」において、まれに現れる現象と似ています。

さらなる大きな変化は、経典の研究や教義の深掘りがあまり熱心に行われなくなったことでしょう。この傾向は、平安時代全体が弛緩《しかん》した時代であったこととも関係があります。

当時の日本は、遣唐使の派遣をやめ、海外との連絡を絶ってしまいました。外敵の脅威が少なくなったことで、貴族たちは緊張感を失い、政治力の向上や国の防衛には関心を持たなくなりました。この弛緩した空気が仏教界にも影響を及ぼしたことで、教義の探究よりも、形式的な信仰や儀式が重んじられるようになっていったのです。

平安時代の仏教のさらなる大きな特徴として言えるのは、「民衆の救済」をほとんど意識していない点です。宗教の本来の目的は、人々の魂を救うことだと一般的には考えられていますが、天台宗や真言宗の宗教活動には、そうした要素がほとんど見られません。奈良時代の大仏建立などを見ると、天皇や貴族の間には「仏教によって国を治め、民を救おう」という気持ちがあったと思われますが、当時の仏教は、貴族階級のための宗教儀式や加持祈祷が主流であり、民衆の救済には関心が向けられていませんでした。これは、貴族たちが政治的な緊張感を持たず、貧困や病に苦しむ民衆に対して、救済を必要とする存在とは見なさなかったからだとしか言いようがありません。

平安仏教が弛緩したのは世襲も一因だった?

時代が進むにつれて、僧侶たちは、教義を深く研究するよりも、加持祈祷や儀式を通じて貴族たちの生活に寄り添うことに重きを置くようになります。

このように平安時代の仏教を弛緩させた要因の一つは、私は貴族社会が入り込んだことで、僧侶たちの間で世襲が頻繁に行われるようになったからではないかと考えています。

仏教を深く理解するためには、お経の内容を理解する知力が必要です。統計的なデータによれば、知能は親の影響を強く受けると言われていますが、難解な仏教哲学の最先端を深く理解するには非常に高い知性が必要です。本来であれば優れた知性を持つ人物こそが仏教世界のリーダーにはふさわしいはずですが、世襲というシステムの下では突出した才能は生まれづらい。

プロ野球選手の世界を見ても、二世選手が一流になる例は少ないように、仏教の教団でも世襲によって高い知性を持つ人材の確保を持続できるのかどうかについては大きな疑問が残ります。

世襲の有無はともかくとして、研究不足という点では、現代の僧侶に対しても同じことが言えるのかもしれません。

現在、浄土宗の僧侶として活動しながらも、仏教批判を展開している鵜飼秀徳《うかいひでのり》さんという方がいます。彼は「寺じまい」や「墓じまい」に関する著作も多く、仏教に対して真剣な考察を行う人物の一人です。以前、そんな彼に「現在の日本の僧侶のうち、何%がきちんとお経を読めているのか？」と質問した際、「ほとんどの僧侶は読めないと思いますよ」と返答していました。

お経は基本的には漢文で書かれていますが、もともとはサンスクリット語の経典を中国で漢文に翻訳したものが日本に伝わり、今でも漢文のまま読まれています。しかし、いかに同じ文章であったとしても、単に呪文のように音読することと、内容をきちんと理解して読むこととは全く意味が違います。

日本ではこの漢文をほとんど翻訳してこなかったので、法要などで僧侶が読み上げるお経を聞いても「何を言っているのか意味がわからない」と思う人が大半でしょう。法華経や般若心経の現代語訳などは岩波文庫にも入っているので、意味を理解しようと思えばできなくはありません。でも、大半の僧侶たちは、おそらくそれぞれのお経の意味を知らないままではないでしょうか。

かつて中国では、持ち帰ったお経の漢語訳が国家事業として行われたわけですから、日本でも日本語訳を進めるべきだったはずです。それでも行わなかったのは、明らかに日本の僧侶たちの怠慢でしょう。

たとえば、私は『吾妻鏡』の現代語訳を行いましたが、それに対して「意味がない」との批判を受けることもありました。その批判の内実は「『吾妻鏡』くらいは、中世史の研究者なら読めて当然だ」というものが大半です。しかし、実際に史料を読めるかといえば、専門家であっても難しいことが多く、正しく深い知識を得て情報を広く普及するためにも、現代語訳を侮ってはいけないと感じています。

僧侶の読経にしても、単なる儀式的な音声《おんじょう》で終わっているのか、それとも内容を理解し、教えを深く考えたうえで称えているのかでは、大きな差を生むのではないかと思ってしまいます。

本質を追求する「教相《きょうそう》」と儀式を重んじる「事相《じそう》」

ここで新たに登場するのが「教相《きょうそう》」と「事相《じそう》」という概念です。

教相とは、仏教を哲学として深く理解し、経典の内容を突き詰めていくことです。明治時代の久米邦武が「神道は祭天の古俗である」と批判したように、仏教も宗教であるならば、形式的な儀式に偏ることなく、教えの本質に迫る姿勢が求められるべきです。しかし、非常に残念なことに、平安時代の仏教界では、教相の道を突き詰めても偉くなることはできませんでした。

一方の事相とは、仏教における儀式や法会《ほうえ》の手順を指す概念です。広く言えば、雑巾がけや仏様の供養といった日常の作業から儀式の段取りまで、すべてが事相に含まれます。こうした儀式の進行方法や手順を、代々受け継ぎ厳格に守ることが、仏教界では重視されるようになります。この点は、平安時代の仏教において非常に重要な視点となります。

事相は、平安時代の貴族たちが朝廷で行っていた儀式と非常によく似ています。貴族にとって政治活動とは、政策を考えて実行することではなく、むしろ儀式を執り行うことそのものだとみなされていました。端的に言えば、どういう政策を打つかよりも、どのように儀式を進行するか、そこでどのように振る舞うかという形式的な事柄が重要視されていたのです。

仏教においても、平安時代の僧侶たちは儀式を徹底して行いました。天皇の長寿を願うための法会や、雨が降りすぎた際、あるいは逆に雨が降らないときの祈祷などの儀式を行う際は、どの仏様にどのように祈れば効果があるかを細かく決め、実行するのが僧侶の役目でした。

儀式の内容は、どれも非常に細かいものばかりです。階段は左右どちらの足から登るか、鈴を鳴らす回数は何回かといった、一見どうでもいいかのように見える細かい決まりごとを、いかに厳格に守れるかが重要視されました。

過剰な儀式主義だった事相は「お遊戯会」のようなもの

『大日本史料』を編纂していたときに驚いたのが、事相は「一子相伝《いっしそうでん》」で受け継がれることが大半だったという事実です。『北斗の拳』の北斗神拳の伝承者さながらに、その寺の代表的な僧侶が「お前が私の後継者だ」と跡継ぎを指名し、特定の儀式や作法を一子相伝で受け継いでいたようです。その結果、「仏様の前では一度お辞儀をするのが他派のやり方だが、我々は三回お辞儀をする。それを忘れるな」というような些細なルールが脈々と受け継がれていくことになります。

教相と違い、事相を学ぶために高度な知性は必要なく、特別な知能がなくとも十分に習得可能なので、いわば「お遊戯会」のようなもの。当時の僧侶たちには怒られてしまうかもしれませんが、それくらい形式化されたものだったのです。

にもかかわらず、こうしたルールが次第に定番化し、それに則って行動しない者を「物知らず」として批判する風潮も生まれていたようです。これは、学校のいじめや部活動の厳しいルールと同じような構造でしょう。

これだけ聞くと馬鹿馬鹿しいように感じるかもしれませんが、当時の時代背景を考えると、厳格なルールばかりが重要視されていたのは理解できます。現代の外交でも「プロトコル（外交儀礼）」が存在し、それを守らないと失礼にあたることもある。また、フォーマルなレストランに行く際には、ＴＰＯをわきまえることが求められます。「面倒だからそのレストランには行かない」という選択肢もありますが、当時の仏教儀礼においては、「ルールが面倒だから違う宗教に宗旨替えする」ということは簡単にはできないわけです。

過剰な儀式主義ではありましたが、その儀式が過度に複雑化し、ルールが厳しくなると、一般の人々は次第に宗教儀式から離れ、宗教に対して違和感を覚えることもあったでしょう。このように、宗教儀礼が過度に形式化されると、どうしてもその宗教の本質や救済の意義が見失われがちです。特に、天台宗や真言宗のように事相を重視する場合、その影響は大きかったのではないでしょうか。宗教が人々にとって何をもたらすべきか、という根本的な問いに対して、答えを見失ってしまっていたように思います。

現代の私たちの感覚では、政治や宗教の本質は民を救い、生活を豊かにすることではないかと考えます。しかし、当時の考え方では儀式の正確さが何よりも重要視され、細かく決められた段取りや手順をいかに守るかが優先されたのです。

非常に閉鎖的な世界ではありますが、平安時代の貴族たちも、仏教世界の僧侶たちも、こうした儀式や段取りを守ることに大きな意味を見出すようになっていきました。それと同時に、貴族社会が仏教世界を抱え込むかたちで両者は結びつき、仏教はますます発展していくのです。

平安時代の仏教が本質を突き詰められなかった理由

平安時代の仏教や貴族社会が儀式やルールばかりを重んじ、本質を突き詰めない閉鎖的な世界になった背景には、外敵がいなかったことが大きかったのだと私は思います。

国家が滅びる危機は、基本的に外からの攻撃があるときです。しかし、日本には脅威がなかった。これは重要なポイントです。

国家が滅びる場合、誰が滅びるのか。それは、国家を担っている王や貴族たちです。民衆全体が滅びるわけではありません。なぜなら、征服者は日本を占領して税を巻き上げたいので、一般の民衆は働かせるための人材として必要です。だからこそ、民衆の命は奪われないのです。しかし、国を運営している王や貴族たちは、立場や命が奪われてしまう。だから、外敵からの攻撃を恐れ、自分たちの存続を守るために国の防衛を強化しなければならないのです。

もし外敵が存在するならば、朝廷や貴族たちは、国を強くするために「富国強兵」を求めるのが自然な流れです。民衆を豊かにして経済力を上げ、その結果として軍事力を強化する。これが近代の明治維新や中国での官僚制度の導入などで見られるような、国家強化の基本的な考え方です。奈良時代には外国が攻めてくる恐れがあったため、国を整備し強化しようという動きは盛んに行われました。その一環として、南都六宗をはじめ、仏教の教義に対する深い研究が進められました。

しかし、平安時代の日本では、外敵がいないために、そうした改革が必要ありません。外敵の脅威がないため、貴族社会には切磋琢磨して己を磨こうという意識が失われていきます。

貴族にとって、民衆に知識を与えることは、自分たちの支配基盤を危うくするものなので、民衆はむしろ無知であることが望ましかったわけです。国家運営の知性を持つのは貴族だけでいいとされ、知識や権力が貴族に独占されていきました。民衆には知識を与えず、従わせることが支配の手段となったのです。

現代の民主主義の観点では、政府は民衆の要求に応え、サービスを提供しないと支持を失い、その立場を脅かされる可能性があります。しかし、平安時代の貴族社会では、貴族が民衆に奉仕する理由はなく、貴族たちが世襲で国家を運営することが、平安時代の日本の政治体制でした。

なぜ中国では事相が発展しなかったのか？

外敵の少ない日本と対照的なのが、中国の仏教界です。仏教は中国から伝来したものですが、中国の仏教では事相のような文化は発展しませんでした。

戦争が起きるたびに、皇帝が頻繁に入れ替わっていた中国では、いつ何時王朝自体が滅びてもおかしくない状況でした。たとえば、唐の時代には、玄奘三蔵《げんじょうさんぞう》がインドからたくさんの経典を持ち帰り、国家規模でその翻訳が進められていました。唐が栄えている限りは仏教も繁栄するでしょうが、その唐王朝はいつ滅びるかわかりません。さらに、中国ではもともと儒教や道教の教えが根付いているうえ、ゾロアスター教など他の宗教も流入していたので宗教的なライバルも多い。つまり、中国の仏教は常に他の宗教との競争や切磋琢磨があったので、儀式的な事相に頼っている暇はなかったのです。

むしろ、中国の仏教は「自分たちの宗教を信じれば、こんなに素晴らしいんだ」と常に示して、周囲に実績をつくる必要がありました。求められるのは本質的な教えやその実践だったからこそ、中国の仏教では、むしろ教相に重きを置く傾向が強かったのです。そこまで研鑽《けんさん》したにもかかわらず、仏教は中国の主流の教えとはなりませんでした。その点で言えば、仏教の教えは中国の人々の性には合わなかったのかもしれません。

「家永《いえなが》尾藤《びとう》論争《ろんそう》」から見る平安貴族の在り方

鎌倉時代に入ると庶民の代表であった武士が台頭し、貴族たちは武士という新たなライバルに直面し、再び緊張感を抱くようになります。ですが、平安時代においては、そのような緊張感はなく、いわばぬるま湯に浸かり続ける時代であったと言えます。

私たちの目から見ると、当時の平安仏教は民のことを考えない理不尽な存在だと捉えてしまいます。ですが、この問題について考える際に、思い出されるのが「家永尾藤論争《いえながびとうろんそう》」です。これは、思想史の研究者である家永三郎《いえながさぶろう》と尾藤正英《びとうまさひで》の間で行われた論争のことです。端的に立場を紹介するならば、家永三郎は過去の思想を現代の視点から評価するという立場を取っています。仮に空海の仏教思想を取り上げた場合、現代にどのように役立つのか。それを考えることは正当な学問的アプローチである、というわけです。ヘーゲルやマルクスの哲学を現代の社会でどのように活かすかを考えるのと同じように、日本の仏教思想をも現代の基準で測るというのは、理にかなっているように見えます。

対する尾藤正英は、異なる立場を取っています。彼は、過去の思想や宗教を評価する際には、その思想が生まれた当時の社会や時代背景を考慮するべきだ、と主張しました。現在の私たちは民主主義という価値観を持っているため、平安時代の仏教を「民を救っていない宗教など問題だ」とマイナスの評価を下しがちです。しかし、それは当時の価値観にそぐわない批判であり、その時代においては「民を救うことが正義だ」という考え自体が生まれなかった可能性もあります。もし現代の私たちが過去を批判する場合は、当時の社会状況を理解したうえで、その事象が時代にどのような影響を与え、役割を果たしていたかを冷静に見つめ直す必要がある、と尾藤は主張したのでした。

この二つの立場は、どちらも重要な視点を持っています。私たちは、過去の思想を現代の価値観で評価することもできますが、その思想が生まれた時代の背景を無視してはならない。そこで、私たちが気づくべきことは、平安時代の天台宗や真言宗には、民を救おうという概念がほとんどなかったという事実です。現代の我々から見れば、宗教が民衆の救済を目指さないのは奇妙に映るかもしれませんが、当時の貴族社会においてはそれが当たり前だった。

次に、尾藤正英の立場に従うならば、そうした時代背景を考慮して、天台宗や真言宗が民を救うことを目的としていなかったとしても批判する必要はない、という点です。平安時代は貴族社会であり、世襲が重要視される時代でした。したがって、宗教が民衆の救済を目指さなかったのは、その時代においては自然なことだった。

こうした理解のもとで、平安時代の仏教を正しく捉えることが重要になるのでしょう。

「民を救う」意識が存在したキリスト教

当時の視点に立ち、事象を判断する。この行為は重要だと思われる一方で、平安時代の天台宗や真言宗は、同じ時代のキリスト教と比較したときにどちらが魅力的なのか、と考えることがあります。

平安時代の天台宗や真言宗は「民を救う」という意識自体が希薄でしたが、これに対してキリスト教は、内容が良いか悪いかは別として、少なくとも救済を意識した教義を持っています。その代表が、キリスト教の「七つの秘跡（サクラメント）」の一つである「懺《ざん》悔《げ》（告解《こっかい》）」でしょう。

懺悔とは、教会の小部屋に信者と神父が入り、信者が罪を告白するという儀式です。信者は「私はこういう罪を犯してしまいました。どうすればいいでしょうか？」と告白し、神父が「それはよろしくないが、あなたが罪を認めて悔い改めたのは素晴らしい。神の御名においてあなたの罪を許します」と言う。ときには、「今月は教会の掃除をしなさい」などの戒めを課します。これが告解の儀式であり、キリスト教において義務付けられているものです。本来、告解は非常に真剣で重要な儀式であり、その告解を受ける神父になるには厳しい試験や修行を経て、その責務を果たすことが求められていました。

しかし、懺悔には裏の面もあります。一三五三年に成立したボッカチオの『デカメロン』などを読むと、神父が信者の秘密を知り悪用する描写も描かれています。ときには不倫を告白した女性に対して、神父が「秘密を守る代わりに今夜私と過ごせ」といった不正な要求をすることがあった、と描かれています。また、商人から金貸しの情報を得て財を築く神父もいたようです。

懺悔はカトリックの秘跡の一つですが、これに対して、ルターの宗教改革では議論が巻き起こります。ルターは、私たち信者は本来、一人一人が神と直接繋がっているべきですから、神父という存在はむしろ妨げになると主張しました。だからこそ、神父が「神の御名においてあなたを許します」と言って、神と私たち信者の間に神父が存在するのは不自然であると結論付けたのです。

そのため、宗教改革以降に誕生したプロテスタントでは、神父の代わりに牧師がその役割を果たすようになります。もちろん牧師は人々の悩みを聞いてはくれるでしょうが、「神の御名において」というかたちで人々を導くことはありません。

重要なのは、この儀式の本質は信者が罪の意識や葛藤を抱えて神父に相談し、神の判断を仰ぐことで心の救済を得ているという点です。もちろん、その過程で財産を奪われたり、厳しい裁きを受けたりすることもあったでしょう。しかし、少なくとも「こうすれば救われる」という指針が与えられる点では、魂の救済と言えます。平安時代と同時期のキリスト教には、すでに民への救済がしっかりと存在していたのです。

これに対して、日本の仏教には救済の仕組みが見えません。もちろん、これは家永三郎的な現代的な見方なのかもしれませんが、私は平安仏教などと比較すると、キリスト教に根付く「民を救おう」とする意識に親近感を抱きます。尾藤正英が言うようにその時代における視点を考慮したとしても、平安時代の仏教には何か物足りなさを感じるのです。

平安時代の天台宗や真言宗が貴族社会に強く根付いていたのに対して、キリスト教はもっと広く民衆に手を差し伸べようとしていた。同じ時代の宗教でありながら、その目的や役割に大きな隔たりがあるのは歴史的に非常に興味深いポイントだと感じます。

民衆が組み込まれていない仏教の「懺悔」とは？

ちなみに、自分の罪を告白して仏に許してもらう「懺悔」という考え方は、その言葉があることでもわかりますが、実は日本の仏教にも存在したようです。ただ、その懺悔は、あくまで僧侶同士で行われるものに限定されていました。夏の修行期間に、僧侶たちが集まって自分の問題点や罪をさらけ出し、互いにそれを乗り越えるために助け合う。これが、仏教における懺悔の本来の姿です。あくまで内輪で行われるものであり、民衆は組み込まれていない。ここでも、民衆は置き去りにされている構図が見えてくるのです。

とはいえ、民衆に寄り添う宗教者が全くいなかったわけではありません。平安時代中期に存在した空也上人《くうやしょうにん》のように民衆のために尽力した人物もいました。また、「聖《ひじり》」と呼ばれる宗教者が都市に住み、困っている人々の声に耳を傾けていたという話もあります。しかし、彼らがどれほど人々に寄り添おうとも、仏教界で偉くなることはありません。仏教界の上層に行けるのは、貴族や上流階級の世襲によってその地位を得た者たちだけ。こうした傾向が、当時の仏教界をかたちづくっていたのです。

税金徴収の脅しに使われていた神仏の存在

ときに寺院たちは、民を救うどころか、支配の道具として神や仏を利用することもありました。

平安時代における天台宗や真言宗の京都を中心としたお寺は、本尊や建物、そして財産や土地といった独立した資産を持っていました。お寺の所有する土地は、京都だけでなく全国各地に広がっていたので、荘園の管理を行う際は、自分の信仰する神様や仏様を必ずそこに祀ります。そして近隣に住む人々には「税金をきちんと納めないと神罰仏罰が下るぞ」と脅しをかける。これは、民衆にとっては非常に恐ろしい存在でした。

当時、仏教があまり普及しなかった理由は、支配層である貴族や寺院からすれば、民衆を「怖がらせる」ためには、下手に教育を与えないほうが都合が良かった面もあるのでしょう。仏教のような学問的な思想を深く教え知識を与えることで、民衆が自らモノを考えるようになれば、恐怖を感じづらくなり神罰仏罰の効果が薄れてしまうからです。ここで、民衆を救うというよりも、罰をちらつかせて人々を従わせるという構図ができあがっていきました。

さらに酷い例では、文書に「この税金を払わなければ、お前はらい病（ハンセン病）になるぞ」という脅し文句を明文化することもありました。脅迫めいたやり方を用いることで、当時の神様仏様は、人々を救う存在というよりは、むしろ恐ろしい存在として社会に君臨していたのです。

だから、現代の私たちが持っているような「民衆に寄り添ってくれる宗教者」という概念自体は、平安時代には存在しなかったと言っても過言ではありません。民主主義の時代に生きている私たちは、すべての人が平等に救われるべきだとの考えを当たり前に感じますが、時代が違えば考え方も大きく異なります。

結局のところ、この時代の宗教は、民衆を救済するという意識よりも、神仏を通じた統制と恐怖による支配が中心だったと言えるでしょう。

第5章　鎌倉新仏教は庶民をスポンサーに

国家を支える「顕密体制《けんみつたいせい》」と弱者に寄り添う「鎌倉新仏教」

鎌倉時代に入ると、仏教界は大きな変革を見せます。それは、鎌倉新仏教という新たな仏教の流れが生まれたからです。

この大きな変化について考える前に、当時、どのような社会の中で鎌倉新仏教が生まれたのかを考えていきましょう。

鎌倉時代という中世社会の捉え方の一つとして、押さえておきたいのが「権門体制論《けんもんたいせいろん》」についてです。権門体制論とは、大阪大学の歴史学者である黒田俊雄先生が提唱した学説で、中世の日本には「国家」があり、その国家の王は天皇であるという前提から考えるものです。

中国では皇帝の下に官僚制度がひかれましたが、日本の場合、国家の長たる天皇の下には、貴族階級である「公家《くげ》」、武士階級の集団である「武家《ぶけ》」、そして寺や僧侶が属する「寺家《じけ》」という三つの大きな集団が置かれました。この構造の中で、公家は政治的な面で天皇を支え、武家は治安維持などで天皇を支え、寺家は祈りによって天皇を助けるというかたちがとられたのです。

権門体制の中で、寺家として特に重要な役割を果たしたのが、天台宗と真言宗です。これらの宗派は、天皇や朝廷と非常に密接な関係を持ち、貴族や上層部との深い繋がりを持つ宗教として地位を維持し続けました。その証拠に、鎌倉時代や室町時代に入っても、仏教界において、一番の権威を持つのは天台宗と真言宗であり続けました。

権門体制論を提唱した黒田俊雄先生は、天台宗と真言宗が日本の仏教界の中核であり、その影響力がその後の時代も続いていることを強調しました。同時に提唱されたのが、先述した、天台宗を顕教、真言宗を密教とする「顕密体制《けんみつたいせい》」という枠組みです。この顕密体制という言葉は、まさに天台宗と真言宗が仏教の中心に位置していたという考え方を表しています。

しかし、このような見方に対して、私は疑問も抱きます。やはりどんなかたちであれ、宗教の本質は、弱者に寄り添い、彼らの心を救済するものであるべきです。そうなれば、仏教が単に国家や天皇を支えるためのものであっていいのか、という問いが出てくるのです。

そんな社会背景の中で新たに生まれたのが、鎌倉新仏教です。

この時代の仏教において特徴的だったのは、民衆に寄り添うかたちで活動する僧侶たちが増え、彼らが鎌倉新仏教の教祖となって新しい仏教の流れつくり出した点です。鎌倉新仏教の教祖たちは、天台宗や真言宗のように朝廷や貴族社会と密接な関わりを持っていなかったため、既存の仏教界の中で大きな影響力を持つことはできませんでした。しかし、天台宗や真言宗が依然として貴族や天皇を支えるための仏教として機能し続け、特権的な地位を保持する一方、鎌倉新仏教の開祖たちは民衆の救済を目的とした仏教を広めていきます。これが新しい仏教の流れを生み出したのです。

日本の宗教史において、鎌倉新仏教と顕密体制の対立と共存の歴史は、非常に興味深いテーマです。仏教が民衆に寄り添いながらも、権力との結びつきを保っていた時代の流れを理解することは、日本の中世社会を理解するうえで欠かせないポイントだと言えるでしょう。

仏教は庶民をスポンサーとして取り込まざるを得なくなった

戦前の日本では、鎌倉時代になると鎌倉新仏教が次々に生まれてきたことが重視されていました。これは、いわばカトリックに対するプロテスタントのような動きであり、日本における宗教改革と見なされ、評価されました。

　その点で考えると、先に挙げた黒田俊雄先生の顕密体制論に対して、私は一つの疑問を呈します。この理論に基づくと、天台宗や真言宗のような「カトリック的」な仏教だけを重視し、鎌倉新仏教をそれほど高く評価しないという立場が示されてしまいます。キリスト教に置き換えるならば、宗教改革があっても、伝統的なカトリックのみを尊重するべきだという、ローマ教皇を中心としたカトリックの神官たちを重視する考え方と似ています。

　そもそも顕密体制を生む、権門体制という枠組み自体に、私はやや違和感があります。権門体制論では、天皇を頂点とし、その下に公家、武家、寺家の三つの勢力があるという構造で社会を捉えています。しかし、鎌倉時代の社会は、平安時代とは異なり、武士が中心的な役割を果たしています。天皇と貴族の世襲によって維持されてきた平安時代の社会の動きに対して、武士という新たな勢力が台頭してきたことが、鎌倉時代の大きな転換点です。武士が出てきたことで、貴族たちは自分たちの地位が脅かされることに気づき、行動を変えていきます。

　特に、一二二一年の承久《じょうきゅう》の乱では、朝廷が幕府軍に敗れたことで、朝廷は武士の勢力に直面し、その力を認識せざるを得なくなりました。朝廷はそれまで社会に対して大きな働きかけをしていなかったのですが、武士に敗北したことで社会との向き合い方の変化を求められたのです。

　何が言いたいのかというと、顕密体制という固定的な枠組みだけで仏教を捉えるのではなく、社会が変われば仏教もそれに応じて変わっていくという視点が重要なのです。

　そして、こうした社会の変化に伴い、仏教もまた変わらざるを得なくなっていきます。農村から生まれた庶民の代表である武士が台頭し、社会の中心に位置づけられるようになります。同時に、これまでは朝廷や貴族にばかり目を向けていた仏教も、武士の存在に注目するようになります。そして、武士たちの母体である庶民の救済という使命を、新たに考え始めるようになりました。

　ここで、今まで歴史上はあまり重視されてこなかった名もなき人々の魂を救済するという視点が、仏教の重要な課題として浮かび上がってきたのです。穿《うが》った言い方をすれば、仏教は庶民を新たなスポンサーとして取り込む動きを見せ始めたとも言えるでしょう。

　新たに登場した鎌倉新仏教の僧侶たちの仏教界全体としての地位は、天台宗や真言宗のような既存の権力を持つ宗派に比べると低いものでした。ですが、社会の中で民衆の苦しみに寄り添い、救済を目指す活動を徐々に拡大し一大勢力として存在感を表していきます。

「救済」を提供することで庶民の取り込みに成功した浄土宗

武士の台頭に伴い、庶民が力をつけてくると同時に、庶民の間でも「自分たちとは何か」という自我の目覚めが始まります。それに応えるため、求められたのが新たな宗教でした。社会の成熟とともに、庶民の魂や精神の問題に向き合う仏教が登場してくることはもはや必然だったと言えるでしょう。この社会変動と仏教の変革を同時に捉える視点は、鎌倉新仏教の動きを理解するうえで非常に重要です。

この仏教界の変化のきっかけをつくったのは、浄土宗の開祖である法然《ほうねん》です。とはいえ、法然のように民に寄り添う僧侶たちは、決して突然現れたわけではありません。彼以前にも民衆と共に歩む精神を持った「聖《ひじり》」と呼ばれる僧たちは存在していました。

当初は、そうした聖の一人として登場した法然ですが、彼が他の聖と大きく異なったのは、のちに続く弟子たちが数多く誕生したことにあります。

これまでの聖たちは民に寄り添う姿勢はあったものの、活動が一時的であり後継者が存在しないので、教えが受け継がれない場合が大半でした。法然は偶然の活動家ではなく、その教えが多くの人に受け継がれる基盤をつくり出すことに成功した点が既存の僧侶たちとの大きな違いだと感じます。

法然が打ち出した教えは、非常に革新的なものでした。彼は、従来の仏教で強調されていた「地位」「財産」「修行」の必要性を否定します。それまでの天台宗や真言宗では、地位が高いほどに信仰が尊ばれ、相応の財力が求められ、厳しい修行を行うことを前提とされていました。しかし、浄土宗では「地位も財産も修行も必要ない」とし、「ただ南無阿《なむあ》弥陀仏《みだぶつ》と称《とな》えれば、極楽浄土に行ける」と説いたのです。このシンプルでありながら力強い教えは、多くの民衆に受け入れられました。

法然は、何の根拠もなく「南無阿弥陀仏を称えろ」と言ったわけではありません。浄土宗で最も大切な仏様とされるのは阿弥陀仏です。阿弥陀仏は、まだ法蔵菩薩《ほうぞうぼさつ》だった時に人々を救済するために誓願を立て、すべての衆生を救うと誓った存在です。その誓い、すなわち本願を成就した後、法蔵菩薩は阿弥陀仏になった。ですから、この「すべてのものを救う」という本願は、すでに成就しているはず。この誓願を信じることが、極楽浄土に至る唯一の道だと法然は強調しました。この考え方は、当時の厳しい階級社会の中で生きる多くの人々の福音となり、仏教が再び庶民の心をつかむきっかけとなったのです。

法然の革新性は、単に教えの内容だけではなく、社会に適応させ広める術《すべ》にも長けていた点です。彼は、庶民が求める「救済」を提供することで、仏教の新たな支持者として取り込むことに成功します。そして、従来の貴族や特権階級に依存した仏教の形態を大きく変え、社会の変動に合わせた新たな仏教のかたちを打ち立てました。

逆に言えば、鎌倉時代という激動の変化の時代だったからこそ、法然の教えが受け入れられたとも言えます。その中で、仏教は庶民の魂を救うという使命を新たに果たすこととなり、鎌倉新仏教が時代にふさわしい宗教として定着していったのです。

「理論は自分に任せて信じろ」と説いた法然

法然の教えは、阿弥陀仏に帰依すれば極楽浄土に行けるという骨子に基づいていますが、その背景にあるのは『浄土三部経《じょうどさんぶきょう》』と呼ばれる経典です。

法然は、比叡山で修行を積み、多くの経典を読んで阿弥陀仏の存在に注目します。仏教には釈迦如来や薬師如来など多くの仏がいますが、なぜ阿弥陀仏を選んだのか。これは、法然がしっかりと経典を読み込むなか、阿弥陀仏が誓願によってすべての人を救うと誓ったという理念が根拠になっています。そして、文字通り「阿弥陀様におすがり」するべく、阿弥陀仏に帰依すれば、極楽浄土へ行けるのだと説きました。

阿弥陀仏に帰依するうえで重要なのが、「南無阿弥陀仏」という言葉を称えること。法然の教えの中には、この言葉が極楽浄土への道を開くカギとして位置しています。

さらに法然が優れていたのは、理論自体はきちんと確立していたものの、民衆には難しい理屈を説明しなかったことです。「理屈は私がしっかり考えている。だから、自分を信じて南無阿弥陀仏を称えてさえいれば、極楽に行けるのだ」と説き続けました。「私に任せろ」という姿勢を示し、法然自身を信じてもらうことで民衆にとってわかりやすいかたちで救いを提供しようと意識したのです。

ここで興味深いのが、念仏の称え方にも変化が生まれたことです。平安時代までは、仏教と言えば「観相念仏《かんそうねんぶつ》」と呼ばれる修行法が主流でした。これは、心の中で阿弥陀仏を思い浮かべながら念仏を行う方法です。人々は、浄土に行けることを信じ、極楽の美しい光景を心に描きながら、念仏を称えることが求められていました。経典を通じて、滝が流れる美しい風景や宮殿がそびえる壮麗な世界を思い浮かべることは、修行者には「このように素晴らしい場所へ行くことができるのだ」というモチベーションアップにも繋がりました。

　しかし、観相念仏は、どうしても知識階級向けの修行法であり、一般庶民にはその世界観を理解し、思い描くことは難しかったでしょう。

　経典の中で「三階建ての建物がある」と綴られても、当時の庶民の多くは三階建ての建物を見たことがありませんでした。したがって、壮麗な景観を想像するのは困難でした。また、「極楽には美味しい食べ物がある」と説かれても、庶民の中には美味を味わったことがない人も多かったため、具体的なイメージを描くことができませんでした。

　これに対して、法然が称えたのは、口に出して「南無阿弥陀仏」を称える「口称念仏《くしょうねんぶつ》」です。お経を読み解き、心に光景を浮かべるという難しい手順を踏まずとも、「南無阿弥陀仏を称えさえすれば極楽に行ける」という口称念仏の教えはわかりやすく、多くの民衆にとって受け入れやすいものでした。

浄土宗が支持され、朝廷は「民衆」を無視できなくなった

　しかし、本当に「南無阿弥陀仏」と称えるという単純な行為で、極楽に行けるのでしょょ

うか。もちろん、法然自身は「南無阿弥陀仏」と称えるだけでは不十分だとも言っており、日常生活の中で常に阿弥陀仏を心に留め、感謝の念を持つことの重要性も説いています。また、悪いことはせず、できるだけ良い行いを心がけ、日常的な感謝の気持ちや善行が必要だとも伝えています。

浄土宗は「いざというときには阿弥陀仏におすがりすることで救われる」というのが基本的な考え方ですが、内容を紐解くと教義は非常に人間的で実際的なものばかりです。

教えを見ても、法然が民衆の生活や精神的な救いに寄り添い、複雑な理論ではなく誰もが実行できるシンプルな信仰を提供したことがよくわかります。民衆の支持を集めた浄土宗は、鎌倉新仏教として新たな流れをつくり出していったのです。これは、鎌倉時代の社会的変革と連動しながら、仏教が貴族階級から庶民へと広がっていった大きな転換点を象徴しています。

法然の教えは、京都でも熱狂的に民衆に支持されました。彼の教えが広まることで、朝廷も次第に民衆の存在を無視できなくなり、政治の中で「民衆」という新たな存在を視野に入れるようになったのです。

法然は日本に一神教的な宗教が根付く契機を逃した？

法然の教えにはさまざまな評価がありましたが、中でも重要な存在を果たしたのが、奈良で活躍した貞慶《じょうけい》という僧侶です。彼は藤原信西《ふじわらのしんぜい》の孫にあたる人物で、南都仏教を代表する知識人でした。仏教に対する深い理解と鋭い批判精神を持っていた彼は、法然の教えに対して非常に痛烈な指摘を行います。

法然が「阿弥陀様にすがれば極楽に行ける」と説いたことに対して、貞慶は「では、釈迦如来や薬師如来、そして他の仏たちはどうなるのか？」という痛烈な疑問を投げかけたのです。つまり、「法然は、阿弥陀仏のみを崇拝し、他の仏たちを無視しているのではないか」と指摘したのです。貞慶は法然に対して、弟子たちに他の仏たちをどう扱うべきだと伝えているのか、明確な説明を求めました。

ここで法然が、「他の仏たちは必要ない。阿弥陀仏だけを信じれば救われる」と言い切っていたら、日本に一神教的な宗教が根付く契機になったかもしれません。しかし、法然はそうは答えませんでした。貞慶の問いに対して、「自分の弟子たちには、他の仏たちも尊敬し、敬意を払うように教えている」と返答したのです。

この答えを見ると、法然は阿弥陀仏のみを信仰する一神教的な立場を取ることは、徹底していなかったようです。阿弥陀仏にすがることで救われるとしつつも、他の仏たちの存在を完全に否定することは避けました。ここに、私は法然の宗教改革の限界を感じます。彼は民衆に対して、金も地位もいらず厳しい修行を必要としない救いの道を示しましたが、それでもなお、他の仏たちを排除しなかったのです。

法然がこうした態度を取った理由は、彼が常識的だったからなのか、それともある種の慎重さからだったのか、はっきりとはわかりません。いずれにせよ、他の仏たちへの尊敬を忘れないようにと弟子たちに教えた決断が、浄土宗を多神教的な仏教にとどまらせ、浄土宗の教えの大きな特徴をかたちづくることになります。

その教えは、日本の仏教の多様性を維持しつつ、庶民に寄り添うかたちでの宗教的な救済を提供し、多くの庶民の支持を集めます。そして、日本の仏教は多様な仏の存在を容認し、共存するかたちで続いていくことになりました。

法然の時代に初めて生まれた「平等」の思想

鎌倉新仏教の誕生とともに、いよいよ登場したのが「平等」の思想です。

法然は「南無阿弥陀仏」と称えることで、誰でも極楽往生できると説きました。この教えには、仏の前での平等という概念が含まれており、思想の根底には、身分や罪の有無にかかわらず誰もが救われるという普遍的なメッセージが根付いています。

では、当時の人々が平等についてどう考えていたのかを考えるため、熊谷直実《くまがいなおざね》という武士のエピソードをご紹介しましょう。直実は源平合戦で活躍した有能な戦士でしたが、戦で多くの人を殺め、血を流してきたことを激しく悔いていました。自分のような罪深い者でも、阿弥陀如来を信奉すれば救われるのか。彼は、そう法然に質問したのです。

すると、法然は、「阿弥陀仏は、罪深い者をこそ救う仏である。だから、何の疑念も持たずに南無阿弥陀仏と称えれば、極楽に行けるのだ」と答えました。この答えを聞いた直実は、「自分はもっと激しい修行や自己犠牲をしなければ救われないと思っていたが、法然の言葉を聞いて涙が止まらない」と感動し、その場で出家して弟子となったと言います。

この話からも、法然の教えがいかに強力で、かつ平等主義的であったかが理解できるでしょう。

さらに興味深いのは、法然が京都で多くの反対派に囲まれていたとき、熊谷直実が法然の護衛を務めた際の逸話です。京都に住む九条兼実《くじょうかねざね》という第一級の貴族が法然に会うため、自宅へと招きました。法然は喜んで招待に応じ、九条兼実の屋敷を訪れます。このときの出来事が『法然上人絵伝《ほうねんしょうにんえでん》』に描かれています。

絵伝には、法然と九条兼実が座って対話する場面が詳細に描かれており、このエピソードは、法然が高い社会的地位を持つ人物からもその教えを乞われるほど、当時の浄土宗が大きな影響力を持っていたことを物語るものです。

同時に印象的なのが、部屋の外に控えている人々が、二人の会話を一生懸命聞こうとしている姿でしょう。九条兼実という朝廷の頂点に立つ貴族の部屋に入れたのは、法然だけです。一方、家来たちは部屋の外にある板敷きに座っているだけで、部屋の中には入れません。そして、熊谷直実のような用心棒は、板敷きはもちろん建物の上に座ることもできず、地面に座るしかありません。この場面には、当時の人間社会の序列が如実に表されています。

そのとき、熊谷直実は「穢土《えど》ほどに口惜しき所あらじ」と発言しました。「穢土」であるこの世の中には、身分の秩序が厳然と存在することが悔しい、屈辱的だという意味です。

さらに続く言葉が「極楽にはかかる差別はあるまじきものを」。極楽ではこのような差別は絶対にないという意味です。

注目すべきは、この時代に「差別」という概念が明確に現れ、熊谷直実の口からその意識が表明されている点です。「差別」という言葉を通じて、熊谷直実は、この世に存在する不平等を厳しく批判している。人間が勝手に上下を決める、そのような差別に対する拒絶が語られているのです。

この絵伝を通じて、強く浮かび上がるのが「平等」という概念が生まれていたことです。熊谷直実の発言は、法然の教えに基づき、人間は本来平等であるべきだという意志を表している。貴族や庶民といった身分の違いを超えた、すべての人々に救済を約束するものであり、それは「南無阿弥陀仏」と称えさえすれば、誰でも救われるという普遍的な平等の教えでした。この点において、その教えがどれほど革新的であったかがわかります。貴族重視だった仏教が、新たに平等を目指し、庶民を救うための教えとして生まれ変わった瞬間だったのです。

日本史上、初めて血が流れた宗教

浄土宗は、日本の歴史上、初めて死刑者を出した宗教でもありました。

事の発端は、後鳥羽上皇《ごとばじょうこう》から寵愛を受けていた女官たちが、法然の弟子たちを通じて浄土宗に感化され、上皇の許可を得ないままに出家してしまう事件です。これに対して、不適切な関係を疑った上皇は激怒し、女官たちと関わった法然の弟子四人の処刑を命じます。

以来、浄土宗は危険視され、法然は四国の土佐へ、その弟子でのちの浄土真宗の開祖となる親鸞《しんらん》は越後へ流されることになります。詳細についてはわかっていないことも多いのですが、ただ一つ確かなのは、この事件は宗教的な争いの中で日本の歴史上初めて死刑者が出た歴史的な出来事だったということです。異教徒との闘いも多いうえに、異端と認定されると火あぶりなどの厳しい処罰が下されるキリスト教に比べると、日本の宗教史は非常に穏やかなものです。なぜなら、日本では神様や仏様がたくさん存在し、正義は一つではないという考え方が根強いため、大規模な宗教的対立や殺戮がほとんど起こらないからです。

その点で言えば、この事件は日本仏教の中で初めて血が流れた特殊なものでした。とはいえ、宗教的な教えそのものをめぐる対立というよりも、後鳥羽上皇という一人の権力者の嫉妬が起こした事件ともいえるので、厳密には信仰によって血が流されたとは言い難い部分もあります。

なお、法然と同時期に親鸞《しんらん》も越後に流されたことからも、親鸞が法然教団の中でそれなりの地位にいたことは間違いありません。

極楽よりも法然の教えを重視した親鸞

法然に続いて鎌倉新仏教を支えたのが、浄土真宗の開祖である親鸞です。

彼は、師である法然の教えを忠実に守りながら、「悪人正機説《あくにんしょうきせつ》」を説きました。これは、罪を犯した悪人こそ、阿弥陀仏の救いにあずかることができるという教えです。どんな悪人であっても「南無阿弥陀仏」と称えて阿弥陀にすがるという気持ちを持った段階で、すでに極楽往生は決定しているのだと、親鸞は説きました。

親鸞はどのように極楽浄土への約束を考えていたのでしょうか。彼の残した対話からその考えが読み取れます。

あるとき、誰かが親鸞に「本当に極楽なんて存在するのですか？」と尋ねたことがあります。親鸞は「極楽は見たことがないからわからない」と答えた。ただ、彼は続けて、「私は法然先生を信じている。もしも法然先生が嘘をついていて、極楽が存在しないのだとしたら、私はそれでも構わない。法然先生に騙されるならそれで本望だ。極楽がなかったとしても、私は法然先生を信じる」と続けたそうです。

親鸞にとっては、極楽の有無はさほど重要ではなかった。むしろ、法然の教えを信じることが大切だったのです。そんな彼の教えは、鎌倉時代に大きく受け入れられていきました。

しかし、浄土真宗は南無阿弥陀仏と称えれば極楽に行けるというシンプルな教えだからこそ、それを自分勝手に解釈し悪用しようとする人々も現れます。その代表的なものが、「本願誇り《ほんがんぼこ》」でしょう。

本願誇りとは、法然の教えに基づいて「悪い人ほど極楽に行ける」と解釈し、それを逆手に取って「いくら悪いことをしても、南無阿弥陀仏と称えれば救われるから、どんなに悪いことをしてもいいじゃないか」と考える行為です。法然はその考えを厳しく戒め、阿弥陀様への感謝を忘れてはならず、日ごろから悪行を行ってはいけないと説きました。

しかし、この教えを誤解してしまったのが、親鸞の長男である善鸞《ぜんらん》です。善鸞は「悪いことをしても南無阿弥陀仏と称えていれば極楽に行ける」という「本願誇り」の考えを持ち出したことで、親鸞は息子と義絶する厳しい態度を示しました。彼にとって、本願誇りは法然の教えとは異なるものであり、決して許されるものではないと強く示したのです。

妻帯し、子をなした親鸞の生き方

親鸞には、その他の僧侶たちと大きく異なる点が一つあります。それは、僧侶であれば守らなければならない戒律をあえて破った点です。具体的に言えば、肉を食べ、妻をめとり、子どもをもうけたのです。

僧侶に禁じられた戒律を破ったのですから、のちの時代に、親鸞の行動には深い議論が起こりました。明治時代には、知識層の間で、親鸞が妻帯したことを評価する動きが生まれます。倉田百三《くらたひゃくぞう》の『出家とその弟子』などの作品で親鸞の姿が描かれたのですが、その行動はしばしば高く評価されてきました。

今でも、親鸞が戒律を破った行為、特に妻をめとり子どもをもうけたことに対して、多くの解釈がなされています。「本能に忠実である」「在野に身を置くことで民衆の苦しみを理解しようとした」などの姿勢が強調されることが多く、一種のナロードニキ（人民主義者）として語られることもありますが、そこに宗教的な意義があったのかは、今後も議論の余地があるでしょう。しかし、彼が自身の信仰に忠実であろうとした姿勢には多くの人々が共感を寄せ、惹きつけられたことは間違いがありません。

親鸞の妻である恵信尼《えしんに》は、越後に流された先で親鸞が出会った女性で、流罪の折には彼女に支えられ、のちに妻として迎えます。

妻・恵信尼が実在した証拠として、明治時代に東本願寺で発見された彼女の手紙があります。この手紙は大きな歴史的発見とされ、恵信尼が親鸞の妻として確実に存在していたことの証明となりました。

興味深いのは、手紙の内容です。彼女のしたためた内容を読むと、現代的な平等の概念を反映するというよりも、むしろ人間の上下関係を肯定する部分も見受けられます。教義的には平等を掲げながらも、実際にはどこか身分差に対する差別感覚を持っていたのは、当時の社会背景を考えると、ある程度仕方がないことなのかもしれません。

当時は平等を目指しながらも、完全な平等が実現しているわけではなく、身分の違いというものが明確に存在していた。親鸞自身がそれをどう捉えていたのかはわかりませんが、親鸞の教団が本願寺教団へと発展し戦国大名化していく過程を考えると、彼の教えとその後の展開は必ずしも一致しなかったとも言えるでしょう。

ただ一つ確かなのは、浄土真宗の教えが「優しい教え」であったことです。これが、彼の教えが多くの庶民に支持され、現在でも浄土真宗が一大勢力として残り続けている理由の一つでもありました。

法然の後継者たちは教えをどう変えていったのか

ここで、法然の後継者たちが、彼の死後、その教えをどのように発展させていったのかを考えてみましょう。

法然は、「南無阿弥陀仏」と称えることで極楽往生が約束されると説きつつ、阿弥陀仏への感謝や敬意を忘れないことも強調していました。この点に関して、親鸞をはじめとする弟子たちはそれぞれの立場で教えを発展させましたが、その過程でいくつかの異なる解釈が生まれていきます。

まず、親鸞が説いたのは、阿弥陀仏に対する信心が生まれた瞬間に、すでに極楽往生は決定しているとの教えです。一度、阿弥陀仏にすがる決意をした時点で、極楽に行けることが保証される、と親鸞は主張しました。これは、法然が称えた「南無阿弥陀仏」の教えをさらに突き詰め、信仰そのものを簡素化した理論だと言えるでしょう。

その教えを、さらに先鋭化したのが踊念仏《おどりねんぶつ》で知られる時宗《じしゅう》の開祖である一遍《いっぺん》です。一遍は「南無阿弥陀仏」という言葉が呪文としての力を持つので、その言葉を称えるだけで極楽往生が保証されると説きました。言葉の意味や理解が重要ではなく、ただ称えること自体が救済の鍵であると考えたのです。

一遍は、特定の場所に留まらず、全国を旅しながら教えを広めるという布教の手段を取りました。彼は人々に対して、念仏を称え、踊りながら仏の救いを求めることを推奨したのです。これが、かの有名な「踊念仏」の実践に結びつきます。

法然の教えは、「南無阿弥陀仏」という言葉自体の純化が進められた結果、親鸞や一遍によって、「より民衆が理解しやすい優しい仏教」へと変化していきます。

この変遷は、単に教義の変化を示すだけではなく、鎌倉時代の社会の変動に対応する仏教の進化でもあります。民衆が力を持ち始め、武士が台頭する中で、仏教もより多くの人々に受け入れられるようにかたちを変えた。民衆にとって非常にわかりやすい法然の教えは、親鸞や一遍による新たな解釈によって、さらに広く普及していきました。

なぜ日本の新宗教に日蓮に関連しているものが多いのか？

鎌倉新仏教を語るうえで、どうしても触れておくべきなのが、法華経《ほけきょう》の開祖である日蓮《にちれん》の存在です。日蓮という人物は、後世、数多くの研究者から高く評価されているように、その情熱や行動力には疑いの余地がありません。

彼は自ら日蓮宗を開こうとしたわけではなく、「法華経に帰れ」というシンプルな思想を打ち出した点でも重要です。つまり、日蓮の運動は「天台宗の核心」に戻るべきだという主張であり、「最澄の教えに帰れ」という運動とも言えるのです。

日蓮は、その象徴的な活動から二度も死刑になりそうになりましたが、全くひるまずに信念を貫いた点も人間としての強さを感じさせます。

ただ、出自については謎も多いです。宗教学者の島田裕巳《しまだひろみ》先生が指摘するのが、日蓮に関する資料には、後世に作られたものが少なからず混じっているという点です。日蓮は非常に才能豊かな人物だったからこそ、後々になるとそのカリスマ性により磨きをかけるためにさまざまな超人的なエピソードが追加される傾向にあったようです。そのため、完全な偽作ではありませんが、信頼性に問題がある資料もあるため、正しい資料に基づいて日蓮の生涯を復元する必要性があるようです。

ここで、紹介したいのは、日蓮研究者である江間浩人《えまひろと》さんの研究です。江間さんの『日蓮誕生』（論創社）などで発表されている研究によると、日蓮は自分の手紙の中で房総半島の漁師の子であると記していますが、実は由緒ある御家人の家に生まれた可能性があるのだそうです。より具体的に言えば、日蓮は敵討ちで知られる曽我兄弟《そがきょうだい》の物語に関連する伊東氏の出自である可能性がある。つまり、伊豆に拠点を持つ武士の出身だということです。

この説に基づくと、日蓮の信者の中に比企一族《ひきいちぞく》をはじめ、北条氏と抗争して敗れた人々が多く見られるのも納得がいきます。事実、それなりの教養がないと学べない比叡山で日蓮は修行を行っています。彼が書いた手紙などを見ても、とても漁師の子とは思えない。もし「日蓮は伊東家の子である」との背景が事実だとしたら、日蓮の宗教活動には、ある種の政治的な要素が含まれていたのかもしれません。

日蓮のエピソードで有名なのは、一二七四年に平頼綱《たいらのよりつな》と会見し、蒙古襲来《もうこしゅうらい》の時期を問われた際に、「経典には書かれていないが、今年中に攻めてくる可能性が高いです」と日蓮が答え、モンゴル襲来を予見したというものです。その言葉通り、同じ年の十月に蒙古襲来、すなわち文永《ぶんえい》の役《えき》が起こりました。

このことから、日蓮は日本では唯一の預言者として位置づけられるようになりました。預言と予言とは異なる概念ですが、それが混合されたのかもしれません。明治以降、新宗教の多くが日蓮に関連していますが、それは日蓮を日本でただ一人の預言者として位置づける動きが、新宗教の中で広がったからかもしれません。

日蓮の教えの中核をなすのは、「南無妙法蓮華経《なむみょうほうれんげきょう》」を称えることが救いに繋がる、という点です。これも法然や親鸞、一遍たちの教えと同様に、非常に簡単で優しい教えであり、民衆に向けられた教えとしても大きな意味を持ちます。

民衆に寄り添い続けた鎌倉新仏教

実は今の宗教の原型は、鎌倉時代の宗教の在り方に近いのではないかと感じます。

特に「極楽浄土に行ける」という教えは、現世利益を求めるものではなく、あの世に焦点を当てている点が興味深いです。当時の人々にとって、「この世を生きていくことは厳しい」という共通の認識は間違いなく存在していました。しかし、この世がどんなに憂きものであったとしても、政治家ではない以上、宗教者が世の中を変えることは難しい。実際、阿弥陀様を信じて南無阿弥陀仏と称えても、現世が良くなるという教えはありません。それでも救いを求める人々に、宗教者たちは「極楽で救われる」という教えで応えたのです。

その教えは、戦国時代になっても変わりません。戦いの中で命を惜しまず、極楽浄土に行けると信じて戦った武士たちも、この世での幸福を求めるのではなく、極楽に行けることを願った。

これとは対照的に、天皇や貴族の間では、天台宗や真言宗による現世利益が説かれていました。それは、彼らが「今の状況を変えようと思えば変えられる」という恵まれた立場にあったからでしょう。とはいえ、一部の貴族たちは、あの世でも楽しく過ごせるようにと、この世で策を取ることもあったようです。鎌倉時代よりも少し古い年代の人物ではありますが、藤原道長《ふじわらのみちなが》などは、亡くなるときに五色の糸を阿弥陀仏に持たせ、極楽で楽しく過ごせるようにと願っていたようです。現世であれほどの栄華を誇りつつも、極楽でも楽しく過ごしたいと考えるのはなんとも欲が深いと言わざるを得ませんが。

当時の国家体制の骨格としては依然として天台宗や真言宗が中心であったでしょう。ですが、鎌倉時代において、法然や親鸞、一遍、日蓮たちは、宗教を庶民に寄り添わせる大きな変革をもたらした人物であったことは間違いありません。「宗教とは何か」という根本的な問いに向き合うとき、私は鎌倉新仏教についてもっと再評価されるべきだと考えています。

第6章　武士に好まれた禅宗の魅力

教義や理論よりも修行や実践が重要視される禅宗

鎌倉時代には、浄土宗や日蓮宗など民に寄り添う仏教が多数登場しました。そのなかで、新たに武士たちの支持を集め、広がっていったのが「禅宗」です。

鎌倉時代初期に禅宗を日本に紹介した人物としては、僧侶の栄西《えいさい》が知られています。栄西は『喫茶養生記《きっさようじょうき》』という著書でも有名で、茶の習慣を日本に広めた人物とされています。

栄西は、臨済宗の禅を学びながらも、天文教学や密教の教えをはじめ、他の日本の宗派や教義も学ぶ「兼修禅」だったため、教え自体が非常に多面的な要素を持っています。そのため、彼が日本に紹介した禅は、いわゆる「純粋禅」ではありませんし、本人も幅広い仏教知識を持った人物という印象があります。

私自身は、栄西に対する評価はあまり高くはないのですが、彼を高く評価する研究者の中には、彼の法力や政治的な影響力が、社会で大きな役割を果たしたと考える人も少なくありません。

一方で、「純粋禅」を代表する人物として私が取り上げたいのが、蘭渓道隆《らんけいどうりゅう》です。彼は中国・四川省出身の僧で、鎌倉に建長寺《けんちょうじ》を建立し、中国の純粋な禅を日本に持ち込んだ人物として知られています。しかし、建長寺の山門を見ると、道教《どうきょう》の神々が祀られているうえ、そのご本尊は地蔵菩薩であり、その教えには道教や民間信仰の要素も取り入れており、非常に多様な文化が混在していたようです。

禅宗の特徴の一つは、他の宗派のように明確な教典や本尊を持たない点が挙げられます。日蓮宗であれば法華経、浄土宗であれば阿弥陀如来が信仰の中心となりますが、禅宗はそうした象徴が定まっていません。禅宗では教義や理論よりも、修行や実践が重要視されているため、何を信じればいいかという問いへの明確な答えがないことが、他の宗派とは大きく異なるのです。

なぜ武家の人々は禅宗を好んだのか？

もう一つ興味深いのは、禅宗が武士に強く支持された点です。天台宗や真言宗では、宗派の高僧たちが天皇から認められ、位や肩書きをもらうことで地位を保証されていました。しかし、禅宗は天皇や朝廷という権威に依存せず、武士層に食い込んでいきました。

事実、鎌倉時代においては、禅宗は明らかに北条氏に支えられることで、武家の宗派として確立され発展していったのです。

禅宗が武士の権力に庇護されていたことがよくわかるのが、鎌倉時代の末期に導入された「五山制度《ござんせいど》」です。これは、鎌倉や京都のお寺から格の高い寺を選び出し、そのランキングを決めるというものです。この五山制度を決めたのは天皇ではなく、将軍です。幕府によって寺院が権威付けされるという状況は、禅宗がいかに武家に依存していたかを物語っています。

こうした動きを受けて、天皇側も徐々に禅宗と結びつきたいという意志を持つようになり、京都では天皇と密接な関係を持つ大徳寺《だいとくじ》や妙心寺《みょうしんじ》といった禅宗寺院が力を蓄えていきました。しかし、基本的には禅宗は主に武家勢力に支えられた宗派であり、その点は忘れずに踏まえておくべきです。

では、なぜ武家の人々が禅宗を好んだのか。その理由の一つは、禅宗には他の仏教宗派のように難解な経典を学ぶ必要がなかったからでしょう。禅宗は厳しい修行が特徴ですが、特別な学問を修める必要はありません。禅宗の教えは「只管打坐《しかんたざ》（ひたすら座ること）」という身体を重んじる修行に集約されていました。武士たちにとって、禅の実践的な教えや厳しい修行は、日ごろから武芸の鍛錬や精神修養に励む自分たちの精神性と一致するものがあったのでしょう。こうした背景から、鎌倉時代の禅宗は武士層との繋がりを強めていきました。

禅僧の昇進システム「十方住持制《じっぽうじゅうじせい》」

武家の保護を受けた禅宗ですが、室町幕府も同様に非常に手厚く保護しました。数々の保護の中でも特筆すべきが、「十方住持制《じっぽうじゅうじせい》」という制度です。これは、禅宗の住持、つまり住職が日本全国の寺院で修行し名声と実績を得ることで、禅僧として出世していくルートを示した新しい昇進システムのようなものです。

日本全国には、「五山十刹《ござんじっせつ》」という制度があり、禅宗の寺院を三つのランクに分けて管理していました。「五山」、「十刹」「諸山《しょざん》」です。五山は鎌倉と京都にあり、鎌倉の場合は「建長寺」が第一位、次いで「円覚寺《えんがくじ》」が第二位でした。京都でも同様に五山があって、「天龍寺《てんりゅうじ》」が第一位、「南禅寺《なんぜんじ》」が特別位に位置づけられていました。

五山の下には「十刹」、さらにその下に「諸山」がありました。各地の住職はこのシステムの中で修行し、名を挙げると上位の寺院に昇格していく。その仕組みこそが「十方住持制」でした。

十方住持制の特徴は、全国各地の禅寺を回ることで、僧侶たちが徐々に力をつけていく点です。地方の諸山で住職としての経験を積み、その功績が認められれば、次第に上位の寺院に移ることができる。こうして禅宗のお坊さんたちは修行を重ね、次第に重要な役職に昇進していきました。天台宗や真言宗のお寺では世襲制度が非常に強く、生まれさえ良ければ偉くなれる僧侶が多かった一方、禅宗では「十方住持制」という制度が採用されたことで、実力がなければ出世ができない風土が生まれたのです。

ところが、この制度を壊したのが、有名な禅僧・夢窓疎石《むそうそせき》の甥である春屋妙葩《しゅんおくみょうは》という僧侶です。彼は、十方住持制を否定し、代わりに「度弟院《つちえん》」という新たな制度を導入しました。度弟院というのは、師匠から弟子へ、弟子からその弟子へと受け継がれていく世襲的な仕組みであり、天台宗や真言宗の院家制度に近いものです。この制度が生まれたことで、能力がなくても師匠から認められれば高位の住職になれる素地が生まれてしまいます。

これを痛烈に批判したのが、有名な一休禅師《いっきゅうぜんじ》です。一休は、実力もない者が師匠に気に入られただけで住職の地位を得る現状に対して、激しく反発しました。しかし、そうした抵抗もむなしく、結局のところ、禅宗も他の宗派と同様に、世襲や人間関係が重視されるようになってしまった。この流れをつくり出した春屋妙葩は、禅宗の能力主義を覆した張本人と言えるでしょう。

「信仰」ではなく「考え方」を重視する宗教

武士と密接に結びつくことで成長を遂げた禅宗ですが、興味深い点は、その教えが「信仰」に立脚したものではないことです。

あらゆる宗教において、信仰とは基本的に「神を信じるかどうか」という問いかけからスタートしています。たとえば、日本では一神教のような強い信仰のかたちが少ないとはいえ、浄土宗の教えは「阿弥陀様を信じるかどうか」という一神教に似た構造が見られます。

しかし、禅宗の場合は何を信じるのかと問われても、信じる対象はありません。なぜなら、禅宗は信仰の宗教というよりも、「考え方」を重視する宗教だからです。最終的には、信仰ではなく、自己を見つめ、考え抜くことを通して悟りを求めるという姿勢が、特徴です。その点でも禅宗は他の宗派とは異なり、仏教の中でも独特の立場を築いているのです。

いまいちピンとこない部分があるかもしれませんが、その考えが伝わるヒントとして、「親に会えば親を殺し、仏に会えば仏を殺す」という有名な言葉があります。

この言葉は、「親だから大事にしなければならない」という固定観念にとらわれてはいけない。親もさまざまで、ときには「毒親」と呼ばれるような人もいる。その場合、「こういう親なら大事にしよう」という判断が必要になります。仏に対しても同様で、「仏だから崇めるべき」という発想だけでなく、本当にその仏が何を意味するのかを自分で考え続けることが大切だとされました。

つまり、禅宗の教えとは、固定観念にとらわれず、融通無碍《ゆうずうむげ》に物事を考えなさい、という非常に哲学的な教えなのです。単なる教えというよりも、思考の方法論そのものに重きを置いているように感じます。

この考え方は、哲学者であるゲオルク・ヴィルヘルム・フリードリヒ・ヘーゲルの弁証法に近いのではないかと思っています。ヘーゲルの弁証法（アウフヘーベン／Aufheben）が成立したのは一七〇〇年代のことですが、禅宗は弁証法を先取りしている部分があるように思います。

弁証法の基本は、「正（テーゼ）」、「反（アンチテーゼ）」、「合（ジンテーゼ）」という三段階から成る「正反合」です。「A」という主張があれば、それに対して「反A」という対立する意見をぶつける。「A」が正しいかどうかを検討し、「反A」を加味して、最終的には対立を止揚（アウフヘーベン）して「合B」という新しい結論が導き出される。さらにその「合B」に対してまた「反B」をぶつけ、「合C」を生み出す。このプロセスが無限に続くのが、「正反合」です。

一度出た答えに安住せず、常に考え続ける行為。これがまさに「親に会えば親を殺し、仏に会えば仏を殺す」という禅の教えに通じる部分ではないでしょうか。

日本に来た宣教師たちは、禅宗の教えは「ニヒリズム（虚無主義）」だと批判しました。その理由は、禅宗が「無」を強調し、「この世のすべては無に帰結する」という教えを誤解したからです。

しかし、これは禅宗の本質を見誤っています。禅宗で言われる「無」とは、単に「無い」という意味ではなく、「ある」「無い」という二元論を超越した、より根源的な「無」です。あらゆる執着や固定概念を捨て去り、存在や非存在を超越した自由な心の状態を意味しています。その意味では、非常にポジティブな概念なのです。

弁証法を彷彿《ほうふつ》とさせる禅の「公案《こうあん》」

弁証法を彷彿《ほうふつ》とさせるような禅宗の修行方法の一つに「公案《こうあん》」があります。公案とは、師匠が弟子にある問題を出し、それに対して弟子が自分の解釈を考える問いかけのことです。弟子が師匠に答えを持っていくと、師匠は「それは考え直せ」とか「よくできた」と評価しながら、弟子が禅的な考え方を身につけていくというものです。

公案を語る逸話の中で、非常に有名でありながらも後味が悪くて私は大嫌いな話が「南《なん》泉斬猫《せんざんみょう》」と呼ばれるものです。

内容を簡単にご説明します。南泉という大きなお寺の偉いお坊さんが、ある日、弟子たちが猫を拾ってきたことに気づきます。弟子たちは「この猫は俺たちのものだ」「いや、俺たちが先に見つけた」と二つのグループに分かれて言い争いをしていました。そこで南泉は刀を持ってきて、弟子たちに「この猫に仏性《ぶっしょう》はあるか?」と問いかけます。そして、「答えられたらこの猫を飼っても良いが、答えられなければこの猫を斬る」と言いました。しかし、弟子たちは誰も答えることができず、最終的に南泉はその猫を斬ってしまったのです。

その夜、南泉の弟子の中でも優秀だとされていた趙州《じょうしゅう》が寺に戻ってきます。南泉は趙州にその出来事を話し、「もしお前がいたら、あの猫を切らなくて済んだのに」と語りかけました。すると、趙州は草履《ぞうり》を頭に乗せ、何も言わずに立ち去ったのです。これをどう解釈するかは非常に難しい部分ですが、私は草履を頭に乗せた行動には深い意味があると思います。

草履は本来足に履くものです。それを頭に乗せるのは、普通とは違う、逆転した行動です。つまり、南泉が問いかけた「猫に仏性があるか」という質問は、「ある」と答えても「ない」と答えても、それに囚われることに繋がります。天台宗の本覚論には「悉皆成仏《しっかいじょうぶつ》」という考え方があり、すべてのものに仏性が宿るとされていますが、それに対して「ある」とも「ない」とも答えるのは、固定観念に囚われることと同義です。

南泉は、弟子たちに対して、この固定観念を打破し、「あるかないか」という対立を超えた答えを期待していたのだと思います。それが趙州だけには理解できたからこそ、草履を頭に乗せて、師匠である南泉に対して「これが求められている答えですよ」と示して去って行ったのだと解釈できます。

つまり、「仏性」や「親」など、何かを無条件に尊ぶのではなく、その先にある新しい視点を見出すことが重要だというメッセージがこの逸話には込められているのではないでしょうか。

私がこの話が苦手なのは、猫が殺されてしまう点です。私自身が猫好きで猫を飼っていることもありますが、仏教という本来は命を尊ぶ宗教でありながら、それが禅問答に陥ってしまったことが非常に残念です。禅問答の典型的な考え方では、「この猫は死んだかもしれないが、その死が全てではなくあの世で生きている」という発想があるのかもしれませんが、猫の命を軽々と奪ってしまう。こうした側面が、禅とは少し厄介なものだとも感じてしまいます。

禅問答は詭弁《きべん》か？　哲学か？

禅問答の詭弁的側面《きべんてきそくめん》が見事に現れているのが、足利尊氏《あしかがたかうじ》の弟で、室町幕府の政治を任されていた足利直義《あしかがただよし》と禅宗の対話でしょう。直義は極めて有能な政治家で、兄の尊氏から「俺は軍事をやるから、お前は政治をやってくれ」と言われた際、見事に期待に応えました。

そんな彼が当時、仏教界で非常に名高かった禅僧・夢窓疎石《むそうそせき》と行った「夢中問答《むちゅうもんどう》」というやり取りが残っています。夢中問答で、直義は率直に仏教のあり方について疑問を投げかけます。その問いは非常に的確で、現代でも通用するような鋭い視点を持っていました。

問答の中で、直義は「神や仏は、徳を積み、正義を愛する人を高く評価するはずだが、世の中を見渡してみると、立派な行いをしている人が必ずしも神や仏に愛されているようには見えない。なぜなのか」と問いかけたのです。

この問いは、現代を生きる私たちでも抱く疑問です。それに対し、夢窓疎石がどう答えたか、ここに禅宗の独特な考え方が現れます。夢窓疎石は「あなたは視野が狭い。この世の因果だけで物事を見ているが、因果には前世から後世までを含むものがある。前世で悪いことをした人が、今世でどれだけ善行を積んでも、その報いはまだ現れないかもしれない」と言いました。

この答えを聞いたとき、私は正直、夢窓疎石が詭弁を弄しているように感じました。因果を前世にまで広げると言われたら、誰も反論できないからです。そうした煙に巻くような答え方には、私自身、少し疑問を感じます。

禅宗とは、単純に一つの答えを出すのではなく、複眼的に物事を見るという教えを持つ宗派だと私は思います。禅宗が教えているのは、真理を一面的に見るのではなく、複雑な現実を多角的に捉え、あらゆる可能性を考慮する姿勢です。ですから、夢窓疎石の答えには、「違う視点で物事を考えてみてほしい」という意図が含まれていたのでしょう。

ただ、私としては、夢窓疎石には一刀両断で切り捨てるような明快な答えを期待してしまうところがあり、この返答には少しもやもやとした疑問を感じざるを得ませんでした。

さらに言えば、禅宗は「何かを信じるか信じないか」という宗教的な要素よりも、むしろ学問や哲学に近い部分があると私は考えています。

鎌倉時代に活躍した道元《どうげん》は、非常に深い思想を持った人物でした。彼が書いた『正法眼蔵《しょうほうげんぞう》』に触れてみると、論理の一貫性は非常に高いのですが、理解するにはかなりの力量が必要です。いつか私自身もしっかりと読み解いてみたいと思うものの、読み解くための時間がなかなか取れないというのが現状です。なお付言しておくと、直義と夢窓とのやり取りは本郷恵子《ほんごうけいこ》先生の教示を得ました。学問的なプライオリティは彼女にあります。念のため。

特権階級化が進む禅宗

考えを深めることに長けていた禅宗の僧侶たちは、文才があり、優れた詩や文章をたくさん残しています。その代表が「五山文学」と呼ばれるものです。しかし、こうした文化的活動が盛んになるにつれ、禅宗の僧侶たちは、人々を救うという本来の仏教的な使命から次第に離れていってしまいました。平安時代の天台宗や真言宗の僧侶たちのように、権力に庇護され、裕福で安定した生活を送りながら詩作を楽しむという、ある種の特権階級化が進んでしまったのです。

それでも、もし私が一つ何かの宗教へ入信するなら、禅宗を選ぶでしょう。なぜなら先述したとおり、禅宗は信仰というよりも哲学的な思索を重視しており、教義に縛られず自由な発想を促す点が魅力的だからです。

禅宗では、「何かを信じる」という信仰の概念を嫌う傾向が強い。だからこそ、本尊も特に決まったものがなく、特定の仏様に依存することが少ないのが特徴です。ご本尊も決まっておらず、経典もない。

事実、禅宗の教えや思想は、借り物であることも多いです。先にご紹介した「南泉斬猫」という有名な公案も、元をたどれば天台宗の「天台本覚論」に由来するものです。つまり、禅宗独自の教えではなく、他の宗派から借りた概念を基にしている部分が少なくない。

その点を鑑みても、やはり禅宗は宗教というよりも、思考の方法論を重視する哲学に近い存在なのでしょう。禅宗の教えは、何かを信じることではなく、自由な発想や融通無碍な考え方を促すというもの。それが、禅宗の魅力です。

「自由」を生んだのは禅宗か、一遍《いっぺん》か

「自由」という概念を、日本の歴史上で最初に生み出したのは禅宗ではないかと私は考えています。

概念というものは、無から自然に生まれるものではありません。日本では空気と水はタダだと思われていますが、世界的には美しい空気ときれいな水に高いお金を払う人もいます。それと同様に、現代に生きる我々は自由と平等という価値観も当たり前のものだと思っています。この価値観が、明治時代に外国から入ってきたものなのか、それとも日本に

元からあったのか、という疑問を私は長らく抱き続けてきました。

平等に関しては、先に紹介したように、浄土真宗の開祖である法然にその根本があると思っています。法然の弟子だった熊谷直実が、「極楽にはかかる差別はあるまじきものを」と叫び、極楽にはこの世のような差別はない、みんな平等に扱われるべきだと伝えたのは、まさに平等の概念が門徒に浸透していたことを示しています。

一方、自由という概念が日本に生まれたのは、禅宗の影響ではないかと私が考えるのは、その思想には思索を通じて自由に考えを広げていくからです。もちろん「自由」という言葉そのものは当時使われていないでしょうが、あえて対立する意見を立て、その意見に別の論をぶつけ合って新しい答えを生み出すという発想は、ヘーゲルの弁証法に似たものを感じます。

この禅宗の問答を通じて、日本における自由な思想の起源が生まれたのではないかと考えたのです。

しかし、このテーマについて、先の本郷恵子さんに話をしたら、「それは随分偉そうな自由ね」と言うのです。

代わりに彼女が挙げた自由の象徴は、時宗の開祖である一遍《いっぺん》でした。一遍は浄土宗の中でさらに簡略化された教えを説いた人で、「踊念仏」は、まさに人々の自由な心を引き出すものでした。一遍の教えは、「南無阿弥陀仏」と称えるだけで救われるというシンプルなものではありましたが、その意味を深く考えなくても阿弥陀様が救ってくれるのです。

法然は「南無阿弥陀仏」と称えれば救われるとは言いますが、意味をちゃんと理解して、阿弥陀様への感謝を忘れずに心に留めなければならない、とも教えています。彼は、さらに他の仏様、たとえば釈迦如来や薬師如来、大日如来への敬意も払うべきだと弟子たちに教えていました。貞慶に「お前は阿弥陀ばかりを称えているが、他の仏様の立場はどうなるんだ」と問われた際、法然は「他の仏様にも敬意を払うように言っている」と返した有名なエピソードもご紹介しましたが、やはり、ここにも感謝や敬意という大事な要素が含まれています。

親鸞になると、「南無阿弥陀仏」と称えれば、感謝の念を抱くとか、善行を積むといったことをしなくても、阿弥陀様が救ってくれる、という考えを示すわけです。それはシンプルさを極めていますが、反面でいわゆる「本願誇り」のような歪んだ解釈も生む危険をはらんでいた。

それに対して、一遍は、南無阿弥陀仏を称えること自体に救いの力があると説いた。もはやその意味すら知らなくても、救われる。それが踊念仏の由来であり、人々はその喜びを感じるあまり、踊り出してしまうほどだったのです。一遍は「決定往生六十万人《けつじょうおうじょうろくじゅうまんにん》」という札を配り、全国を巡りながら教えを広めていきました。そこまでいけば、もはや思想というよりただの形式にも見えますが、恵子さんは「そこまで噛み砕かなければ、庶民にとって本当の意味での救いが手に届くことはなかったのだ。つまりそれこそが自由だ」と指摘していました。

上、中、下。歴史をどの視点から見るか

自由という観念がいつ生まれたのか。この議論は、「歴史を上から考えるか、下から考えるか、中から考えるか」という話に通じるものがあります。

私は研究者として、「上から」の視点を拒否した庶民の視点、つまり「下からの歴史」を意識しています。別に私は社会主義者ではありませんが、ただ一人のヒーローが活躍する歴史観ではなく、庶民一人ひとりが主人公となる歴史を描きたいと考えているからです。

しかし、「下からの歴史」を追求するには問題があります。なぜなら、当時の庶民は文

字を持っておらず、自分の気持ちを書き記すことはほとんどありません。そうなると、彼らの視点で見た歴史を再現したくとも、エビデンスとして何を用いるのか、という問題がついて回ります。これには民俗学や考古学といった、文字をエビデンスとしない学問を駆使する必要があります。私の師であり、かつて東京大学の教授であった石井《いしい》進《すすむ》先生が、その分野で多くの貢献をされました。

私は石井先生ほど民俗学や考古学に親しんでいるわけではないので、そこまでは踏み込むことはできません。「下から」の歴史を実践したいと思いつつも、知識不足で至らない私が実践するのが「中から」歴史を考えるという姿勢です。これは、史料に重きを置き、論理的に考察し、エビデンスを捉え、歴史を把握するというアプローチです。

このアプローチを行ううえで、大きな効果を発揮するのが対話です。私は多くのカルチャースクールで講演を行っていますが、受講者の方々と話をしていくうちに、自分の中で論理が繋がっていく瞬間を多々感じます。なぜこの歴史の事象が起こったのかという論理を展開していくと、次第に一つのまとまった考えに到達する。その瞬間は楽しいものです。また、人々の反応を見て、その対話の論理性の正しさを認識することもできます。だからこそ、私は自分の考えを話すこと、書くことの重要性を強調したいと思います。

「下から」の歴史として捉えるのであれば、恵子さんが言うように、一遍の踊念仏は庶民にとっての「自由」を象徴するものかもしれません。ただ、どうも一遍の踊念仏は、ただ好きなことをしているだけにも見え、自由という概念に合致するかは違和感を抱きます。むしろ、禅宗の坊主たちの思考の方法、あえて対立する考え方を立て、その対立を乗り越えて新たな視点に到達する過程にこそ、自由の本質が見出されるのではないかと考えずにはいられません。

輪廻転生《りんねてんしょう》とお墓の概念

本章の最後に、仏教由来で生まれた日本のお墓についても触れておきたいと思います。日本の仏教全般が、中国から影響を受けていることはよく知られていますが、その根底にはインドから伝わる輪廻転生《りんねてんしょう》の思想が存在します。インドでは輪廻という考え方が非常に重要視されており、輪廻からの解脱《げだつ》こそが究極の救いだとされています。この背景にあるのは、インドの厳しい社会環境でしょう。過酷な風土や社会状況、特にカースト制度などの背景を考えると、再び人間として生まれ変わることは決して望ましいものではなかったはずです。

日本人にとっては、人間に生まれ変わることが「成功」や「喜び」として捉えられることもあるかもしれませんが、インドでは再び苦しい生活を繰り返すことは恐怖の対象であった。だからこそ、人々は輪廻からの解脱を求めました。

昔、大ヒットした「千の風になって」という曲をご存じでしょうか。この歌詞では、自分のお墓の前で泣かないでほしい。なぜなら、自分はそこ（墓）にはおらず、死んでいないといった趣旨の言葉がつづられます。これは、亡くなった人はすでに別のかたちで生まれ変わっているのだから、お墓に行って祈ったり泣いたりすることには意味がない、という輪廻転生の発想に基づいたものです。

インドでは死後は魂が生まれ変わるので、墓に留まる必要はありません。ところが、中国では、死後に関する考え方は少し違ってきます。中国は儒教の影響が強く、非常に強い祖先崇拝があるため、死者は祖先として祀り続けます。おそらくですが、インドの仏教が中国に渡ったものの、中国では祖先を崇拝する文化が根強かった。そのため、死者はそのままお墓に留まって、ご先祖様として祀られる対象として変化したのでしょう。

この中国式の仏教が伝わり、日本では「死者はお墓にいるもの」という考えが定着しました。このような文化や信仰の違いは、社会の変化とも深く結びついていると言えるでしょう。逆に言えば、仏教の思想は、常にその時代や社会の動きに影響を受けながらかたちを変えてきたのです。このように、インドから伝わった仏教は、日本においても輪廻転生や解脱といった思想を取り入れつつも、武家の社会に適応し禅宗として独自の発展を遂げたのです。

第7章　なぜ一向宗《いっこうしゅう》は織田信長の脅威だったのか

信長による日本の歴史上最大級の虐殺

本書でもさんざんお伝えしていることですが、日本の歴史は海外の歴史に比べると非常に「ぬるい」。これは良いことでもあり、たとえば歴史を紐解いてみても、「虐殺」というものがほとんど存在しません。これは、日本史の大きな特徴だと私は思っています。

追ってご説明していきますが、宗教的な対立があっても、日本ではキリスト教のように大規模に血が流れる事件は起きません。戦国時代においても、戦国大名同士がしばしば戦いましたが、それでも「虐殺」はほとんど起こっていない。戦いがあっても、たくさんの人が一度に命を落とすようなことは稀なことです。

たとえば、戦国武将の武田信玄《たけだしんげん》や伊達政宗《だてまさむね》が若い頃に、戦場で激情にかられて相手の家族や家畜まで皆殺しにしたという話もありますが、これらはあくまで例外です。

なぜ為政者たちが虐殺を行わなかったのか。それは、虐殺行為は結果的に自分たちの首を絞めることになるからです。

基本的に当時の戦いは、自分の領土を広げるために行うものでした。仮に領土を奪っても、民衆を生かしておかないと税金を取ることができません。土地を支配するのは資源を確保するためなのに、民衆まで皆殺しにすれば領土を拡大した意味がなくなってしまうわけです。だから、虐殺は行われていないのです。

ところが、そんな〝ぬるい〟日本の歴史の中でも異彩を放つのが織田信長です。彼は確信犯として、数々の皆殺しを行いました。特に信長が徹底的な虐殺を行ったのが、一向宗《いっこうしゅう》に対してです。一向宗とは、浄土真宗を源流とする仏教の宗派のことです。信長は、伊勢長島では二万人、越前では一万二〇〇〇人の一向宗門徒を殺害しています。当時の日本の人口は現在の約十分の一だったことを考えると、現代の感覚では二十万人、十二万人を殺したに等しい規模の大虐殺です。

信長が一向宗に対して徹底的な弾圧を行った理由は、一向宗の存在が彼にとっていまだかつてない脅威だったからでしょう。本章ではその背景や理由を振り返ってみたいと思います。

戦国時代における村落の組織構造

信長と一向宗の関係性を考えるうえで、押さえておきたいのが当時の村落の支配構造についてです。

実は、私が両者の関係性について着目し始めたのは、大学時代の卒業論文を執筆したときでした。私の卒論は、高野山の荘園の生産構造を分析し、そこから日本の村落の階層構造を明らかにするというものでした。

では、当時の村落とはどのようなものだったのでしょうか。

かつて日本の村の構造は、大きく三つの階層に分かれていました。一番上層に存在したのは、土地を所有する半士半農の有力階層で、彼らは「地主《じぬし》」と呼ばれます。次に、自分の土地を自分で耕す農民たちである本百姓《ほんびゃくしょう》と本百姓より小型の脇百姓《わきびゃくしょう》がいます。その下、つまり最下層には下人《げにん》と呼ばれる小作人や農奴《のうど》のような人々が存在しました。

地主階層は、下人たちに土地を貸し与え、他人に耕してもらうことで税を上級の領主に支払っていました。これに対して、本百姓は自らの土地を自分で耕し、来年の農作に必要な種もみも用意し、税を納めていました。三層目の下人は、自分で土地を持っていないので、来年の農作に必要な種もみも食べなければ生きていけないほどに貧しい存在です。田植えの時期には、地主や本百姓、脇百姓を頼って種もみを借りなければ、来年以降の生計を立てられない状況にありました。その点で言えば、本百姓や脇百姓は自立した小農《しょうのう》であり、下人たちは自立できていない農奴と言えます。
このような三つの階層によって、農村社会は成り立っていたのです。

注目したいのは、村における人と人との従属関係です。この構造は、武家における主従関係とは異なるものです。

武家社会における主従関係は、一人の主人に対して複数の家来が従うのが基本形です。端的に言えば、頂点に将軍がいて、その下に大名が並び、その下に複数の家来が仕えるというピラミッド型の社会構造を形成しているのです。

ピラミッド型の構造では、家来は一人の主人に命を懸けて奉公することが求められます。特に、忠誠心が試されるのは戦場で、主人を守り戦争で勝つことが家来にとっては何より大切な仕事でした。万が一、家来に主人が二人いた場合、どちらの主人に尽くすべきかわからなくなってしまいます。戦場で主人が敵味方に分かれていた場合、間違いなく混乱も生じるでしょう。だから、武家社会では「一対多」の関係が非常に重要視されたわけです。

一方で、村落における地主、本百姓、下人との関係は、「一対一」ではなく「多対多」の関係性を持っています。本百姓は複数の地主と関係を結び、下人もまた、複数の地主や本百姓、脇百姓と関係を持つのです。

多対多の関係性では、命を懸けた奉公の代わりに、ゆるやかな上下関係が形成されます。村を超えて隣の村の地主や本百姓とも連携を取ることがあったので、村落同士が横に繋がりやすい特徴もありました。

そして、この村同士の連携が、結果的に農民一揆《のうみんいっき》のような大規模な反乱に繋がることもありました。鎌倉時代には、荘園や村落の内部で完結する一揆が発生しましたが、室町時代になると、村同士の地縁による結びつきが深まり、隣接する村々が手を組んで一揆を起こします。これが「土一揆《つちいっき》」と呼ばれるものです。特に、借金の帳消しを求める「徳政一揆《とくせいいっき》」が代表的な例で、村を超えて連携した農民たちは幕府に対して、経済的な要求を掲げて集団行動を起こすこともありました。

足軽と村落のリーダーは同一人物だった

室町時代の大戦である応仁《おうにん》の乱の頃、登場したのが「足軽」という存在です。彼らは、平時には農民として生活を送るものの、戦争になると兵隊として駆り出され、従軍を行いました。戦争に参加する以外に、京都の街で略奪を企てることもありました。

興味深いのは、足軽が活動しているときには土一揆が発生していない点です。これは、足軽の多くが村落の地主層や本百姓層であったため、彼らが足軽として活動している間は、村落で一揆を起こす担い手が姿を消したことを意味します。

この状況を考えると、村落における地主や本百姓は、ときには戦場に出て足軽として戦い、また時には村のリーダーとして農民の指導にあたる、いわば半農半兵のような役割を担っていたことがわかります。

足軽の一つのモデルケースは、豊臣秀吉の父親である木下弥右衛門《きのしたやえもん》が該当します。彼は、おそらく村落における本百姓で、村の中心人物の一人だったと考えられます。その後、彼は織田家の足軽となり、戦場に出て負傷し村へ帰ってきました。そして、その息子が木下《きのした》藤吉郎《とうきちろう》として信長の足軽になり、のちに豊臣秀吉として出世を重ね、天下人になります。

つまり、彼らは半分農民でありながら、半分侍のような存在で、ときには足軽として戦場に赴き、またあるときは村落の中心としての役割も果たしていたわけです。

その後、秀吉が行った「兵農分離」の際に、特に地主は城下町に移って武士になるのか、それとも村に残って、村落のリーダーとして庄屋《しょうや》やその他の役職を担うのか、選択を迫られました。

村落の中にあった明確な階級社会

当時の村落は、神社を中心に社会構造がかたちづくられていましたが、そこにも階級差は垣間見られます。まず、本百姓までは神社の社殿に上がることが許されていましたが、下人は神社の社殿に上がることができませんでした。

貴族社会でも、一流の貴族は京都御所の殿舎に上がることが許され、下級貴族は地べたに座らなければならなかったという点が共通しています。貴族であろうと農民であろうと、日本人が抱く階級差をつけたがる傾向は根本的には変わらないのでしょうか。とにかく、こうした慣習や村の掟は、村落社会の秩序を保つために機能していました。

村落社会には、法律のような明文化されたルールはなくても、慣習や掟によって厳しく統制されていました。村落の中で盗みなどが発覚したときには、村内の人々が自分たちで裁きを下す「検断《けんだん》」という制度がありました。これは、村内で発生した罪を村内で解決する仕組みで、ときには厳しいリンチに繋がることもありました。

一五〇〇年頃の『政基公旅引付《まさもとこうたびひきつけ》』には正円右馬《せいえんうま》という人物の盗みの事例が記されます。彼の兄は、弟が犯した罪に対して、一生懸命に罪を軽くしてもらうよう嘆願しました。しかし、兄の努力もむなしく、最終的に弟は死刑となってしまった。このような事例が示すように、盗みというのは非常に重い罪とされていたのです。

なぜここまで厳しい制裁が科されたのかについては、二つの考え方が存在します。

一つ目は、人命が今より軽いものだと思われていたのが理由でしょう。江戸時代の話ですが、江戸の町の慣習法では「十両盗めば首が飛ぶ」と言われていました。この「十両」とは、現代の貨幣価値で言えば、おそらく百万円ほどに相当します。私たちの感覚ですと百万円を盗んだら死刑にするのは少しやりすぎではと思ってしまいますが、当時の盗みは非常に厳しい罰則の対象とされていたのです。もちろん人殺しなどの刑でも死刑に処されますが、盗みでさえも死刑になるというのは、それだけ人命が軽視されていたとも言えるでしょう。

この観点で考えると、村落においてお上《かみ》が介入せず、村の住民だけで物事を決めていく場合、より厳しいルールが適用されていたのではないかと考えられます。

現代社会でも、地方の田舎に行けば、ゴミ出しから村の寄り合いへの出席など、地域のルールに従わず規則を守らないと、厳しい扱いを受けることがあります。そのため、都会から田舎に移住する人たちが、想像していた以上に厳しい現実に直面することがある。村の中で、盗みという行為が死刑に値するほど重い罪とされたのは、その厳格なルールが大きく影響していたのだと考えられます。

もう一つの考え方としては、村落共同体の存在です。当時の村落では、横の繋がりが非常に強く全員が一体となって事態に対応するので、共同体の一員として村の全員がルールを守るべきだという意識が非常に強かったのです。

その視点に注目すれば、盗みが単なる犯罪行為ではなく、共同体の秩序を脅かす重大な問題として扱われたことが理解できるでしょう。それゆえ、小さな盗みがリンチに発展することもあったのです。

高名な歴史学者の網野《あみの》善彦《よしひこ》氏は、「戦国大名による支配が行われていない村落には自由や平等があった」と語っています。しかし、実際の村落の状況を詳しく見ると、必ずしもそうだとは言いきれません。

村の中では、ほんの少しの盗みが死刑や暴力的な処罰に繋がることもあり、実際には厳しい世界が広がっていた。つまり、支配がないことが自由や平等に直結するわけではなく、逆に秩序を保つための厳しいルールが存在していたとも言えます。

興味深いのは、支配が必ずしも抑圧に繋がるとは限らないという点です。左派的な視点から見ると、権力による支配は悪いものであり、それが無ければ人々は自由で平等になると考える傾向があります。しかし、実のところは、支配がないところでも人間同士の関係は必ずしも美しいものではありません。支配が無いからこそ、共同体内の厳しい規律がさらに強化される場合もあります。学校におけるいじめのようなものが起こることもあるでしょう。ですから、網野氏の「村には自由や平等があった」とする見解には、私としてはあまり共感できない部分があります。

一向宗の影響が強かったのは、豊かすぎず貧しすぎない国

村落の横の繋がりは、単なる一つの村内にとどまらず、ときには国単位にまで広がっていきます。そして、横の繋がりが強化された村の中に仏教の教えが入ることで、より安定した秩序を生む要因になることもありました。

たとえば、高野山の麓では、戦国大名が成長する代わりに、安定した村落社会が運営さ

れていました。その理由は、紀伊国《きいのくに》（現在の和歌山県）では高野山が戦国大名に代わる存在として振る舞っていたからです。当然、その支配の原理は武士のものとは異なっており、仏教を中心とした支配が作用していたのでしょう。

ここで、いよいよ考えていきたいのが、一向宗と村落の結びつきについてです。仏のもとでの平等を掲げていた一向宗の存在は、村のように緩やかな上下関係を定着させるのには非常に適したものでした。

よくできていたのが、その布教方法です。一向宗は、まずは地主などの村の指導者を門徒に引き込もうと布教します。村のリーダーが南無阿弥陀仏を称えるようになると、村全体が自然とその信仰に関心を持つという流れをつくり、最終的には村全体を一向宗色に染めていきました。

また、一向宗の組織内には、講義や徴収を行う役割の人たちが存在していました。彼らは川沿いの拠点や宿駅《しゅくえき》などに派遣され、地域に根付いた生活を送るようになります。こうした僧侶たちは、単なる宗教指導者になるだけではなく、ときには一向宗の信者を妻にめとることもありました。その結果、子どもが生まれて家系が続くという世襲の原理も村の中で働くようになり、一向宗と村の結びつきはますます強くなっていきました。

面白いのは、こうした一向宗の影響が強い国は、豊かすぎず、貧しすぎない、中間くらいの生産力を持つ国が多かった点です。

貿易が盛んで豊かだった中国地方では、一向宗の信者があまり見られません。貿易や農業で豊かだった九州をはじめとする西国でも、一向宗のような宗教的勢力が広がりにくかったのではないかという印象を持っています。逆に、東北地方のように貧しい地域でも、一向宗の勢力はほとんど見られませんでした。

豊かな国や貧し過ぎる国では、むしろ一向宗が広がりにくい。これは生産力の安定や人々の生活の仕組みと関わっているようで、一向宗の広がり方や社会的な影響は、非常に興味深いものがあります。

そのため、中部地方に拠点を持つ徳川家康や武田信玄、上杉謙信といった戦国武将たちは、一向宗の勢力と厳しい戦いを繰り広げていました。

質ではなく量で対抗していた一向宗

一向宗が、なぜそこまで強かったのか。多くの方は「僧侶が武士と戦っても勝てないのでは」と思うかもしれません。しかし、僧侶といえども武具をつけて戦っていたので、実際には武士顔負けの戦闘力を持つ人もいました。

また、個人の戦闘能力が強いかどうかだけでは、戦の勝敗は決まりません。この構図は、現代の喧嘩と似た部分があります。いかに喧嘩が強い強者がいても、武術の技術だけでは勝てません。結局、勝敗を決するのは、相手を倒す覚悟が決まっているかどうかです。どんなに戦闘能力が高くとも、相手を殴るときに「こんなに殴ったら死んでしまうのではないか……」と躊躇するような人は、実戦では弱い。逆に、そんなことは一切考えずに、全力で殴りかかるような人が強いのです。

これと同じように、戦国武将も個人の強さで評価されることはありませんでした。何より精鋭十人と弱いながらも百人が戦えば、弱い百人のほうが勝つという単純な数の論理も作用しました。その点で言えば、死ぬことを恐れずに戦いに挑む一向宗が、戦国武将の下で戦いに挑む武士たちより高い戦闘能力を持ったとしても、決しておかしくはありません。

階層構造を持たない不気味な一向宗

信長たち戦国武将と一向宗の対立の背景には、その支配の原理が全く異なっていたことが大きいと考えます。戦国大名は土地を基盤として勢力を拡大していきます。たとえば、武田信玄が甲斐《かい》を支配した後、隣の信濃《しなの》を占領し、その隣の国へと勢力を拡大したように、多くの戦国大名は領土の拡大を目指していたわけです。

しかし、一向宗は違います。彼らの勢力の広がり方は、地域をまたいで広がっていきました。はた目から見ると、一向宗のトップである本願寺が宗教勢力の本拠地のように見えるかもしれませんが、実際には各地の一向宗勢力がそれぞれ独立して、勢力を拡大していったのです。

加賀《かが》に一向宗の勢力があれば、越中《えっちゅう》にも別の一向宗勢力が存在するというように、国境をまたいでどんどん広がっていく。徳川家康が戦った三河《みかわ》の一向宗も同様で、地域内で勝負は完結せず、その勢力が全国のどこに飛んでいくかわからない。戦国大名たちにとって、一向宗は非常に不気味な存在だったでしょう。

戦国大名たちは、頂点に戦国武将が立つ上意下達のピラミッド型の社会構造を前提にしているのに、一向宗はそうした階層構造を持たず、異なる原理で社会を組織化していく。だからこそ、戦国大名と一向宗との間で対立が生じたのだと考えられます。

事実、加賀国（現在の石川県）は、戦国大名に勝利した一向宗の支配下に置かれました。これも、一向宗が独自の社会組織をつくり上げた一例だと言えるでしょう。

現世利益を求める織田信長が感じた脅威とは？

戦国武将と一向宗の信者たちでは、人生に求める目的も異なってきます。戦国大名が目指すのはこの世での利益であり現世での成功でしたが、一向宗の信徒たちは来世の幸福や極楽浄土を目指していたのです。

特にこの傾向に脅威を感じたのは織田信長です。信長といえば、自分の欲しいものはどんどん手に入れていく、現世利益の塊のような人間です。

自分の命をものともせず、南無阿弥陀仏を称えながら襲いかかってくる一向宗の信徒たちは、信長の領土拡大や権力を強める現世利益の考え方とは全く異なる価値観を持っていました。理解ができないがゆえに、問題視するのは当然だったでしょう。

信長や武田信玄という戦国大名たちが現世利益を大切にするのは、自らの支配を正当化する意味合いもありました。

武田信玄の場合、甲府を流れる御勅使川《みだいがわ》、笛吹川《ふえふきがわ》の治水工事を一生懸命行っています。工事を通じて民衆に対し、「俺に従えばお前たちの生活は豊かになるぞ。もう川の氾濫に怯えなくてもよいのだ」と自分の支配をアピールしていたわけです。

信長も同じで、「この国は俺が治めているから、お前たちの生活は俺が面倒を見てやる。俺に従えば、お前たちは豊かになれるのだ」と自分の権力を正当化していました。これは民衆にとって「支配者に税金を払う正当性」の説明になるわけです。

ところが、戦国武将が現世利益を掲げて戦う中で、一向宗のように「この世の生活の豊かさよりも、来世での幸福が約束される」という全く違う思想が出てくると、そこには大きなギャップが生まれます。戦国武将の戦いの根底には現世での成功と豊かさがあるのに、一向宗はそれを全否定する来世の教えを持ち込んでくる。その教えは、戦国大名にとっては厄介なものだったでしょう。

信長はオカルト嫌いだった？

信長が一向宗に虐殺を行った背景一つには、オカルト嫌いもあったのでしょう。

有名な話ですが、彼は過去に比叡山延暦寺の焼き討ちを行っています。少しでも神仏に対する恐れや畏敬がある人であれば、有名な仏教の総本山を丸焼きにしてやろうなどという発想はなかなか生まれなかったはずです。

そう考えると、信長が比叡山延暦寺を焼き討ちしたときも、彼のオカルト嫌いや宗教的権威への不信感が影響していたように感じます。当時、比叡山延暦寺は天台宗の大本山であり、平安時代から続く宗教的権威を象徴する存在でした。それを信長は徹底的に焼き払った。研究者の中には「信長はそんなに徹底して焼き討ちをしていない」と言う人もいますが、それは明らかな間違いで、焼き討ち後、延暦寺の建物・文書・お経はほとんど残っていません。

たとえば、京都は応仁の乱で大きな被害が出たものの、いくつかの寺院や建物はいまだ残っています。しかし、比叡山では何も残らなかった。信長がどれほど徹底的に焼き討ちを行ったかが、この事実からもよくわかります。

延暦寺の立派な仏像や建物が残っていたら今では国宝級の価値を持っていたと思いますが、無残にすべて焼け落ちてしまいました。寺院の各所にある真っ黒に焦げた跡を見ていると、信長という人物は神や仏を恐れない存在だったのだと改めて思います。

自ら神になろうとした信長

神仏や幽霊の存在を信じないという人は、現代の世の中でも決して少なくはないでしょう。

しかし、その中でも「お化けの存在はまったく怖くない」と言い切れる人は実は少ないのではないでしょうか。どれほど怪異を信じない人であっても、暗闇や心霊スポットと言われる場所に一人で平気で行けるかは疑問です。また、知らないホテルに泊まって、部屋にお札《ふだ》が貼ってあるのを見たとき、恐怖を抱かない人はさらに少数派でしょう。

アンケートで「あなたが泊まる予定の部屋にお札が貼ってあったら、どう思いますか？」と質問をしたら、「何となく薄気味悪い」と感じる人は多いと思います。「幽霊なんて信じない」と普段は口にしても、いざその場面に直面すると平気だと言える人はほとんどいないはずです。

ただし、信長に関して言えば、神仏に対する恐れはほとんど持っていなかったのではないか。そんな信長の姿勢を象徴するエピソードが、この時期に日本に訪れた宣教師たちのレポートに記されています。

その報告によれば、信長は安土城に大きな石を置いて、「この石がご神体であり、俺自身を意味する存在だ。皆の者、毎日拝みなさい。この世においてご利益があるから」と言い、自らを神格化しようとしていたそうです。

彼が自ら神になろうとしたのは、来世での救いを説く一向宗へのパロディーのようなものかもしれません。ただ、普通であれば「神罰が怖くてそんな大それたことはできない」と思うところですが、躊躇なく自らを神格化してしまうとは、なんとも信長らしいエピソードだと言えるでしょう。

第8章　豊臣秀吉がキリスト教に危機感を覚えた真の理由

男色文化《なんしょくぶんか》がキリスト教には受け入れられなかった

戦国時代には一向宗のみならず、キリスト教も大きな影響力を持つようになります。本章では、キリスト教と時の為政者たちの関わりについて考えていきましょう。

まず、天下人たちの動きを見ると、織田信長はキリスト教に対して、当初から比較的融和的な姿勢を見せていました。続く為政者の秀吉は、最初はキリスト教にはほぼ無関心な様子を示していました。しかし、途中から突然「伴天連追放令《ばてれんついほうれい》」を出し、キリスト教の宣教師を追放するという政策に転じます。その後、徳川幕府の時代には「禁教令」が出され、キリスト教は厳しく取り締まられることになりました。

ここで考えたいのは、キリスト教が日本でどのように広まったのか、そして、なぜ弾圧政策へと転換したのかです。

一五四九年にフランシスコ・ザビエルが鹿児島に上陸し、キリスト教が日本に伝来した際、急速に信者を獲得していきます。なぜ、ここまで信者を獲得できたのか。その理由の一つは、翻訳の問題です。

来日したザビエルは、聖書の言葉をどんどん日本語に訳していきます。その中で、キリスト教の「デウス」という言葉に充てられたのが、「大日如来《だいにちにょらい》」という単語でした。これを聞いた日本の僧侶たちは、ザビエルを「ヨーロッパから来た同業者である」として受け入れ、非常に友好的な態度を示したのです。カトリックの神父たちは後頭部を剃り上げているし、外見的にもお坊さんのように見えなくもありません。その点も、僧侶たちが宣教師たちを受け入れた理由でしょう。

最初は友好関係を保っていたわけですが、途中で両者の関係に決定的な亀裂が生まれる出来事が発生します。それは、キリスト教という一神教と仏教や神道という多神教の対立などという難しい問題ではなく、「お稚児《ちご》さん」の存在でした。

キリスト教では、同性愛はご法度です。ところが、日本の寺院では、女色《にょしょく》に走らない代わりに、お稚児さんと呼ばれるかわいらしい美少年たちを僧侶たちが愛でる文化がありました。

この事実を知った宣教師たちは衝撃を受けます。少年が僧侶と特別な関係にあるという文化に対して、「これは到底受け入れられない」と判断し、両者は袂《たもと》を分かつことになります。つまり、宗教の教え自体というよりも、文化的な違いから共存ができなかったのです。仮にキリスト教の宣教師たちがこの文化の差を受け入れていた場合、もしかしたら日本における両者の関係は、違った発展を見せていた可能性もあります。

道徳心の強さはあるが、信仰心のない日本人

鹿児島に上陸した後、ザビエルは大分や山口、さらには京都にまで足を運びました。興味深いのは、ザビエルたち宣教師が日本人について書いたレポートです。

そこには「日本人は非常に道徳心に富んだ国民である」という評価が残っています。簡単に言えば、世界の中でもこれほど道徳心の高い国民を見たことがなく、常に「お天道様《てんとうさま》が見ている」という意識を持っており、何か悪いことをしたり、盗みを働いたりすることは、「お天道様に申し訳ない」と感じる。それが日本の宗教的・倫理的な背景にあり、日常生活における道徳心の源になっていることを指摘しています。

よく「神仏ご照覧あれ」と言いますが、この「ご照覧」という言葉も同じ意味合いです。神仏はいつだって私たちを見ている、だから悪いことはできないという考え方です。

一方で、禅宗については、キリスト教の宣教師たちは非常に批判的でした。彼らは禅宗を「悪魔の教え」であるとし、ニヒリズムの一種として拒絶していたのは前出の通りです。

浄土宗に対しては、キリスト教のライバルになりえる存在であると考えていたようです。なぜなら、キリスト教には「浄土の教え」と類似する概念があって、これは極楽と同じように天国を設定し、悪事を働けば地獄に落ち、善行を積めば天国へ行けるという教えがあります。これは日本の仏教における浄土思想と非常に似ていた。そのため、キリスト教の宣教師たちは、浄土宗を脅威に感じたのでしょう。

さらに、レポートの中で、日本人の道徳心は非常に高いと評価されていましたが、その道徳はあくまで道徳に留まり、信仰を理解していないとも捉えていたようです。宣教師たちは、日本人に神の教えを説けば非常に有望なキリスト教国家になる可能性を見出していました。

このエピソードに遭遇するたび、私が引っかかるのは、本書の第1章でも説明したとおり日本人が本当に神や仏の実在を信じているのかという疑問です。

日本では神仏を絶対的に信じる信仰ではなく、やはり道徳心のレベルにとどまっていたのではないでしょうか。だからこそ、宣教師たちも、日本の信仰が道徳的なものであって、神や仏の実在を本気で信じているわけではないとの評価がなされたのでしょう。

宗教に対するあいまいなグレーゾーンは、日本の宗教の特徴の一つです。そして、当時の日本にしても、神仏が存在すると信じている人はそれほど多くはなかったのではないかと、考えずにはいられません。

「利休七哲《りきゅうしちてつ》」に複数のキリスト教徒がいた理由

キリスト教は、日本で続々と信者を集めていきます。特に、織田信長や豊臣秀吉の時代に注目すると、豊臣政権下で知性派とされる大名がキリスト教に改宗している例が多いことに気づかされます。

なぜ知的階層である武士たちが、キリスト教に魅了されたのか。ここで理由として考えられるのが、キリスト教の論理性です。キリスト教はギリシャ哲学を内包しており、論理的な体系が非常に明快です。知性のある武将ほど、その論理に惹かれた可能性は高いです。

対する当時の仏教は、南無阿弥陀仏と称えれば極楽往生できる、というシンプルな教えを説いていました。ところが、「なぜ極楽往生できるのか?」と問われても、即座に論理的に説明できないことが多かった。法然はその点を飲み込み、一般庶民に向けて「南無阿弥陀仏と称えれば阿弥陀様が救ってくれる。それで極楽に行けるのだ」という教えを説きました。しかし、知的層にとっては、そのような単純な説明では物足りなかったのでしょう。

余談ですが、京都の商人たちの間では、浄土宗よりも日蓮宗の門徒が多いです。その理由は日蓮宗の僧侶たちは法華経を読み聞かせ、その内容を解説していたことも大きいでしょう。法華経の内容は非常に興味深く、物語としても面白い部分が多いです。だからこそ、庶民の中でも知的レベルが高い京都の商人たちは、日蓮宗に引き寄せられたのではないかと私は考えています。

戦国大名たちに話を戻すと、特に面白いのは、お茶を嗜《たしな》む者たちの中にキリスト教徒が多かったことです。

千利休の七人の高弟を「利久七哲《りきゅうしちてつ》」といいます。その中で最も有名なキリスト教信者は高山右近《たかやまうこん》ですが、七哲の筆頭として知られる蒲生氏郷《がもううじさと》も信者でした。七人の弟子の中に複数のキリスト教徒が含まれている事実は、お茶とキリスト教の間に何かしらの親近性があったことを示しているように感じます。

では、お茶とキリスト教を結びつけるものは何かを考えたとき、私が思い当たるのが「美の探求」です。

知を愛した戦国武将たちは、ただ茶を飲んでくつろぐだけではなく、千利休が示した「美の体系」に強い魅力を感じていたと思われます。同様に、彼らがキリスト教に親近感を抱いたのは、その美術や論理の美しさにも惹かれていたのではないでしょうか。こうした背景を通じて、キリスト教はどんどん信者を獲得していくことになります。

世界へ流出する日本人に危機感を覚えた秀吉

キリスト教が広く社会に浸透する中、これに待ったをかけたのが第一章でも紹介したとおり、豊臣秀吉でした。彼は、伴天連追放令などを出すことでキリスト教の布教を禁じようと考えます。

豊臣秀吉がキリスト教を忌避《きひ》した理由はさまざまありますが、私が特に思うのが、当時、日本人が奴隷《どれい》として売られるという状況が存在していたことが挙げられます。

日本人が奴隷として売られていたという事実に驚愕する人も多いかもしれませんが、当時は黒人奴隷制度が存在していたように、世界情勢に照らし合わせても、異国の人々を奴隷として売買するという発想が一般的に広まっていた時代でもありました。

特に、日本人は戦闘能力に優れていたことから、単なる奴隷としてではなく、むしろ戦力として傭兵化され、海を渡ることも少なくなかったと考えられます。こうした流れが、後に山田長政《やまだながまさ》の伝説、すなわち彼がタイで王のような地位にまで上り詰めたという逸話に繋がっていくのです。山田長政の実在については、今日の歴史研究において確証がないとされていますが、このような浪人が海外に活動の場を求めて進出していく動きは実際に存在しました。中には、奴隷として売られるのではなく、自発的に海外へ渡った者もいたのではないでしょうか。もっと言えば、関ヶ原の戦いののち、自身の主君が改易《かいえき》され、浪人となった武士たちの中には、国外で新たな生活を模索する者が少なからずいたと推測されます。

秀吉にとって日本という国は、すべて「自分のもの」であり、土地も人間も含めて彼の財産だという意識が強かった。そこに、キリスト教勢力が勢力を広げるにつれて、土地を教会に寄進する信者が現れたり、人々を海外に連れ去ったりすることで、秀吉の支配を脅かしていることに気が付きます。

そんな背景から、秀吉は「自分の物を勝手に持っていくなんて許せない」という強い不満から、伴天連追放令を出しました。これにより、キリスト教宣教師を日本から追放し、信仰の広がりに歯止めをかけることになったのだと考えられます。

キリスト教による日本植民地化は現実的か？

一部には、宣教師側が現地の人々にキリスト教を浸透させる背景には、植民地化や征服へ繋げていこうとの思惑があった可能性も指摘されています。イエズス会の宣教師がスペイン国王に対して「日本を制圧するために軍隊を送るべきだ」と提案した手紙が存在することは、歴史的に確認されています。ただし、その手紙が存在することと、それが現実的に可能であったかどうかは別問題です。

私個人としては、スペインの国王が本気で日本を植民地化しようと考えたかどうかについては、非常に疑わしいと言わざるを得ません。その根拠は、当時のスペインやポルトガルの人口規模です。この頃のポルトガルの人口は約百万人で、この規模は日本の人口の十分の一に過ぎません。スペインも同様に、日本とほぼ同じ人口規模であり、人口の多い国が小さな国を植民地化するのが一般的な手法であった当時において、日本のような大国を植民地にするのは現実的ではないはずです。たとえ宣教師が「日本を軍事的に制圧すべきだ」と主張したとしても、スペインの国王は「人口を考えると無理だろうな」と考えた、と推測するほうが理にかなっています。

また、日本のように整然と運営され、鉄砲の保有数においてもヨーロッパを上回っていたような国に対して、軍事的に制圧することは極めて困難だったでしょう。

一部のインターネット上の説に見られるような、キリスト教がまず伝来し、その後、宣教師がスパイの役割を果たして植民地化が進むという筋書きが、日本のような大国で実行可能であったかというと、それは非現実的だと私は考えます。もちろん、南米のインカ帝国のように植民地化によって国が滅亡したケースもありますが、これはインカ帝国側にも脆弱性《ぜいじゃくせい》があったからこそ。

キリスト教による日本の植民地化を達成する可能性として考えられるのは、キリスト教に帰依した日本の大名たちが連携し、キリストの名のもとに兵力を集結させ、豊臣政権に対抗することで、キリスト教国を形成し、最終的に植民地化されるという筋書きです。

しかし、このシナリオも現実的には極めて難しいでしょう。日本人の信仰心は道徳に基づいているため、単純に宗教的理由だけで国家体制を変えるのは難しい。今後の研究によって、このあたりの事実関係が明らかになるのではと期待されます。

ここで重要なのは、秀吉が単に個人的感情でキリスト教が気に入らなかったわけではなく、自らの権力を守りたいがゆえにキリスト教を排斥したという事実です。秀吉が伴天連追放令を出した理由は、日本人が奴隷として海外に売られていることに危機感を覚えたのだという点が重要なのです。

形式的に信仰を捨てた大名、捨てられなかった大名

とはいえ、秀吉がキリスト教に対して厳しい弾圧を行ったかといえば、実際にはそこまで激しいものではなかったと私は思っています。

例外的なのが、一五九六年に長崎で起きたサンフェリペ号事件です。この事件では、スペインの船である「サンフェリペ号」が、メキシコからフィリピンへ向かう途中に嵐で遭難し、日本の土佐へと漂着します。その際、船にいた船員の財産や積み荷はすべて没収されてしまいました。これに抗議した船長が、「スペインの構想は、現地の住民をキリスト教に改宗させた後、軍隊が支配するというものだ」などと告げたと言われています。

キリスト教を脅威に感じた秀吉は、長崎で二十六人のカトリック信徒と宣教師を処刑す

るという「日本二十六聖人殉教事件」が勃発しました。

このとき秀吉はキリスト教を弾圧したわけですが、これはあくまで突発的な事件に過ぎません。もし本格的な弾圧があったとしたら、犠牲になった人数は二十六人では済まなかったでしょう。

こうした一例はあったものの、後世に起こった徳川幕府のキリスト教弾圧に比べれば、秀吉の弾圧は徹底したものではなく、あくまで「表向きの棄教」だったことがポイントです。

秀吉は配下の大名たちに「表向きでいいからキリスト教を捨ててくれ」と伝え、心の中での信仰には口出ししないと告げました。大半の大名たちは、この要求に従い、かたちだけはキリスト教を捨てましたが、ひそかに信仰を持ち続けていたと考えられます。黒田官兵衛の場合、息子の黒田長政《くろだながまさ》が彼の死後、キリスト教式の葬儀を行っていますが、この事実から彼が完全に信仰を捨てたわけではないことがわかります。

しかし、高山右近だけは、形式的にでもキリスト教を捨てることを拒否しました。彼は「信仰は信仰であり、神を冒瀆《ぼうとく》することはできない」として、秀吉の命令に逆らい、領地と城を剥奪されました。

重要なのは、黒田官兵衛のような大名たちが、本当に神の実在を信じていたかどうかです。もし神の実在を信じていたならば、表向きでも「キリスト教を捨てる」と宣言することは神への冒瀆になります。つまり、彼らは神の存在を絶対的に信じていたわけではなく、信仰を表面的に扱っていた可能性が高いのです。一方で、高山右近は神の存在を本気で信じていたため、その信仰を曲げることができなかった。

では、高山右近が優れた信仰者だったのかといえば、そこには疑問の余地もあります。彼はキリスト教を重んじるがゆえに、自分の領地である高槻《たかつき》や明石《あかし》において、お寺を破壊するなど過激な行動をとっています。そう考えると、彼が自らの地位と引き換えにして守り続けたその信仰が称賛されるべきかは、首をかしげたくなります。

先にも述べたように、当時の武将たちは美や知的探求心に惹かれてキリスト教を受け入れた面もあったはずです。高山右近の影響でキリスト教へ改宗した武将の牧村利貞《まきむらとしさだ》のように、改宗は単なる宗教的な信仰だけではなく、個人の知的な興味や美意識とも結びついていたと言えるでしょう。信仰とは何か、そして信仰に基づく行動が人々にどのような影響を与えるのかという問題は、単純に「純粋さ」や「誠実さ」だけでは語り尽くせないものがあるのです。

高山右近のその後には、秀吉の恩情があった？

改宗を受け入れなかった高山右近は、六万石の領地を失った後、浪人となります。彼に関する研究は、多くの場合、明石の城と領地を失った時点で終わっており、国外追放に処せられるまでの空白の期間である約二十五年間、彼が金沢で過ごしていた事実はあまり知られていません。

その経緯は、加賀の大名である前田利家《まえだとしいえ》が浪人状態になった高山右近を金沢に呼び寄せたことに始まります。そのとき、利家から高山右近に出された条件は、石高《こくだか》二万五千石《ごく》。大名家にも連なる大きな額ですから、これは非常に珍しいことです。加えて、「家来になる必要はない。客でいい」という破格の好条件。

おそらく、この背景には秀吉が利家に「高山右近を追放するが、面倒を見てやってくれ」と頼んだのではないかと私は考えています。そうした裏の話がなかったとしても、少なくとも前田利家は右近を迎えることで、秀吉の怒りを買うことはないと判断していたことは間違いありません。

高山右近は非常に優秀な人間だったので、前田家の下でその敏腕を振るい、結果、現在の金沢の町並みやその基礎を築きました。つまり、前田家がその後の歴史で大きな役割を果たした背景には、右近が大いに影響していた。これは非常に興味深い点です。

映画『沈黙』から見るキリスト教の信仰心

高山右近をはじめとするキリスト教徒の厚い信仰心を取り上げる際、よい題材になる作品があります。それが、二〇一六年に公開されたマーティン・スコセッシ監督の映画『沈黙―サイレンス―』です。

遠藤周作《えんどうしゅうさく》の小説を実写化した同作では、主人公の宣教師が踏み絵を踏むことで他者の命を救う場面が描かれています。自分が踏み絵を踏み、「転べ」ば、キリスト教信者となった農民たちの命は助けられる。しかし、踏み絵を踏めば、キリストを侮辱することに繋がります。

そんな葛藤を抱え、宣教師は神に語り掛けます。「いま、私はあなたへの信仰をめぐって苦しみ抜いている。それなのになぜあなたは声をかけてくださらないのか。なぜ沈黙するのか」。すると、それまで沈黙を保っていた神が、「私はずっとお前とともにいる。お前が悲しむときに私も悲しむ。お前が喜ぶときに私も喜んでいる。私の像を踏むことによって人々の命が救われてお前が喜ぶのなら、私は喜んで踏まれよう。だから踏みなさい」と語りかける。

結果、宣教師は踏み絵を踏み、役人たちは「伴天連が転んだ」と大喜びし、農民たちも命が助かります。その後、宣教師はキリスト教を捨てた人間として、日本人の妻をあてがわれ、日本人として暮らしていきます。しかし、彼が亡くなったとき、十字架のネックレスが架けられていた。これは、心の中の信仰までも彼が捨てたわけではないことを意味していました。

宣教師たちは殉教を望んでいる

しかし、実は私はこの映画については、少し疑念を持っています。スコセッシ監督はキリスト教に深い関心を持っていて、キリスト系の学校で学んだという背景もあるようですが、この映画が持つ問題点は、宣教師たちが殉教を望んで日本に来たという驚くべき事実を描き切れていない点です。

慶應義塾大学の教授で、キリスト教の専門家であり、僕の友人である浅見雅一《あさみまさかず》先生から聞いた、極めて興味深い話をご紹介したいと思います。

そもそもの発端は、「なぜ宣教師たちは危険を冒してまで、遠い異国へ布教に来るのか」という私の素朴な疑問から始まりました。

戦国時代の宣教師たちが日本に来るには、船が難破して死ぬ危険やキリスト教信仰に対する迫害のリスクがつきまといます。もし発覚すれば、キリスト教の信仰が否定されて邪教として迫害され、火あぶりになる可能性もある。それにも関わらず、なぜ彼らはこのような危険を冒すのか。私のこの問いに対して、浅見先生は衝撃的な答えを示したのです。

その答えとは「彼らは殉教を望んでいるから」というもの。

キリスト教の宣教師たちは真剣に神の世界を信じています。そんな彼らの間では、殉教することで魂の位が上がり、天国に赴いたときに、キリストのすぐ近くに行けると信じられていました。

しかし、殉教といっても、ただ布教によって命を落とせばいいわけではありません。ここで興味深いのは、殉教を望む人々が選ぶ土地についてです。殉教が成り立つ土地は非常に限られており、文化や文明がしっかりと確立された場所でなければなりません。インド洋上にあるという北センチネル島のようにまったく文明と縁を持たない土地に行って、神の教えを説いて、無視され、原住民に殺されたり食べられたりしても、それは殉教とは呼べないのです。

戦国時代に関して言えば、宣教師たちにとって殉教の条件が当てはまる土地は、日本に限られていた。だから、殉教を望む宣教師たちが日本にやって来たのです。

ヨーロッパに行くと、教会の礼拝堂においても、殉教の考え方を見ることができます。礼拝堂の通路の下には、お墓があります。それは、通路の下に埋められ、礼拝に向かう人々が自らの棺を踏むことで、殉教者の徳が高まるため、それが神の近くに行くための一つの手段とされていました。だから、この場に埋葬されることが、信者に切望されたのです。

殉教がしたいという信仰心は、私たちにはなかなか理解できません。しかし、信者たちは、「どれだけ苦しみ、殉教して神に近づけるか」を重要視していました。現代の人々が自分の生活の豊かさや学歴で他者と競い合うように、宣教師たちはいかに苦しみ抜いて殉教するかにおいて、お互いにマウントを取っていたのです。

だからこそ、浅見先生曰く、命がけで日本にやってきて殉教して死ぬのは、非常に理にかなったことだったのです。

もう一つ。これはキリスト系の中学・高校に通っていた本郷恵子先生に教えてもらった話です。映画『沈黙』においても遠藤周作の原作においても、キリストは「踏絵を踏みなさい」と許してくれた。これがおかしい、と言うのです。

本来のキリスト教の教えに従うなら、キリストの像を踏む、などという行為は絶対に許されない。キリストの尊厳を犯すより、教えに殉じて命を捨てよ。それが本来のキリスト教ではないか。

もし彼女の指摘が正しいならば、信仰というのはまことに厳しいものですね。日本人には理解が難しいかもしれません。

もし信長が十年長生きしていたら？

本章の最後に考えていきたいのが、「もし信長があと十年長生きしていたらキリスト教に対してどのような対応をしていたか」という歴史のＩＦ（もしも）についてです。

信長は四十九歳で亡くなりましたが、その跡を継いだ秀吉は、六十三歳まで生きていました。もしも本能寺の変で信長が命を落とすことがなく、秀吉と同様に六十代まで生きていたとしたら、果たして未来はどのようなことになっていたでしょうか。

信長は、オカルトを嫌い、一神教の神や仏を恐れず、むしろ自分の支配構造とは異なる権力を持つ一向宗を徹底的に排除しようとしました。その様子を見ても、彼が長生きしていた場合にキリスト教をどう扱ったのかは、非常に興味深い問題です。

当初、新しもの好きな信長は、キリスト教に融和的な対応を示していました。彼は非常に好奇心が強い人物で、ポルトガルやスペインから南蛮船が来ることでさまざまな知識を吸収しました。「地球が丸い」という事実を、宣教師の教えによって日本で最初に理解したのも信長だと言われています。しかし、好奇心が増してキリスト教への知識が増えていくなかで、彼が「これ以上この宗教を普及させるのは危ない」と危機感を抱いた可能性は十分に考えられます。

また、信長は外国の教会が日本の土地を有し、日本人が貿易の道具として売られていた事実を知りませんでした。もし彼がその事実知ったとき、キリスト教の布教を許したとは思えません。そもそもの前提として、信長のような人物は、自分よりも偉大な神という存在を信仰する事態を快くは思えなかったはずです。

信仰とは権力やお金、世俗的な価値観とどのように折り合いをつけるのかが、常に問題になります。キリスト教は、神と世俗の権力を分ける考え方を伝統的に持っています。代表的なものが「神のものは神に、王のものは王に」という考え方でしょう。そのバランスが崩れたとき、信長や秀吉が自分の権力を否定する神という存在に反感を抱いたとしても、まったくおかしくはありません。

宣教師たちが浄土宗の教えを「商売敵」だと見ていたように、一向宗を排除した信長が、キリスト教に対しても同じように排斥の舵を切ることは、十分にあり得たと思います。

信長があと十年長生きしていたら、秀吉と同様、「キリスト教は危険だ」という危機意識を持ち、布教禁止の命令を出した可能性は高いでしょう。誰であろうと時の為政者にとっては、キリスト教という宗教はやや厄介なものだったのかもしれません。

第9章　徳川家康はキリスト教と豊臣家の団結を恐れた？

キリスト教を無視していた家康

前章では、秀吉がキリスト教に対して取った態度を考えてみました。続いて本章では、三人目の天下人であった徳川家康がキリスト教に対して厳しい姿勢を取った理由について、考えていきましょう。

豊臣家から政権を奪った後、当初、家康はキリスト教に対して「見て見ぬふり」をしていたように思えます。秀吉が出した伴天連追放令では、表向きにはキリスト教を禁止し、宣教師を国に帰すように命じましたが、実際にはそれほど厳格に取り締まったわけではありません。つまり、キリスト教があまりに派手なことをしない限りは、その存在は許容されていたのです。

では、家康が天下を握ったとき、キリスト教に対して実際にはどのような姿勢を示したのでしょうか。あまり知られていませんが、家康はヨーロッパ諸国との貿易に非常に積極的でした。

なかでも、彼が目をつけていたのは神奈川県の浦賀《うらが》です。あのエリアは、潮の流れによって大きな船が必ず寄る場所です。のちにペリーが黒船で来航した場所が浦賀だったのも、停泊のしやすさがあったからこそ。

そうした地形的な理由から、家康には浦賀を貿易の拠点にするという構想がありました。当初、家康にとっては、キリスト教の存在はあまり大きな問題ではなく、むしろ貿易のほうが重要だった。そのため、厳しくキリスト教を弾圧することはせず、ある程度「見て見ぬふり」をしていたのです。

岡本大八事件《おかもとだいはちじけん》は、本当にキリスト教排斥のきっかけだったのか？

状況が大きく変わったのが、一六一二年に起きた「岡本大八事件《おかもとだいはちじけん》」です。この事件の発端は、九州のキリシタン大名である有馬晴信《ありまはるのぶ》が、本多正純《ほんだまさずみ》の部下であり、江戸幕府の役人で、なおかつキリシタンでもあった岡本大八に賄賂《わいろ》を贈り、領地を取り戻すための口利きを依頼したことです。この賄賂が発覚し、岡本大八は火あぶりにされ、有馬晴信も切腹に追い込まれました。

以前から秀吉がキリスト教を禁止していたとはいえ、同事件が起こった江戸時代には、日本国内でのキリスト教信者の数は約三十七万人に達していたと言われています。三十七万人という数字が多いか少ないかは一概には言えませんが、当時の日本の総人口が約千二百万人だったことを考えると、かなりの一大勢力だったはず。

さらに驚くべきことに、この頃、キリスト教の教えは蝦夷地《えぞち》にまで到達していたとされています。キリスト教は広がりを見せていたものの、江戸幕府は、当初それほどこの数字については、問題視していなかったようです。

しかし、この事件は幕府内で「キリシタンは危険だ」という認識を強めるきっかけとなり、江戸幕府のキリスト教に対する姿勢を変える大きな分岐点となりました。結果として、江戸、駿府《すんぷ》、京都の三都市ではキリスト教が禁止され、江戸幕府はキリスト教に対して厳しい弾圧を進めていきます。この弾圧が、その後の禁教令や長期にわたるキリスト教の禁止へと繋がっていくというのが、これまでの一般的な定説とされてきました。

ところが、この定説はどう考えてもおかしい部分があります。冷静に考えてみれば、キリスト教徒が関わっているとはいえ、この事件の本質はただの賄賂事件です。なぜキリスト教禁止のきっかけにまで発展するのでしょうか。

不思議な点はもう一つあります。有馬晴信は責任を取って切腹させられたものの、有馬家自体はお取り潰しにはなっていません。これは極めて不自然です。

かの有名な忠臣蔵で、浅野内匠頭《あさのたくみのかみ》が切腹させられたときには、浅野家も取り潰しになったのはみなさんもご存じかと思います。本来は、切腹するほどの不祥事であれば、家も取り潰しになるのが一般的です。だから、有馬晴信が切腹なら、有馬家も取り潰しになるはずなのに、その後、有馬家は息子が跡を継ぎ、領地こそ移されたものの、石高は減っていません。いや、加増までされている（肥前日野江《ひぜんひのえ》四万石→日向延岡《ひゅうがのべおか》五万八千石）。お咎《とが》めはなかったのです。

また、岡本大八が火あぶりにされたのなら、主人である本多正純にも何かしらの責任を問われるはずですが、彼は何の処罰もされていません。これには、どこか違和感を抱かずにはいられません。

言いがかりの天才・家康の真意

家康は言いがかりをつける天才なので、これにはなんらかの陰謀が隠れているのではないかと、私自身は思っています。

代表的な家康の言いがかりと言えば、豊臣秀頼《とよとみひでより》が方広寺《ほうこうじ》を立て直した際に作った鐘のエピソードが有名です。

秀頼がこの寺を作った際、鐘に「国家安康」「君臣豊楽」という文字を刻み込みました。ところが、この文言を見て、徳川家は激怒します。「『国家安康』という言葉が、家康の名前を分断している。豊臣家が家康を呪っているのではないか」と。その後、これを口実として、徳川家は豊臣家を攻撃します。

しかし、どう考えてみても、この話は言いがかりです。この事件を間近で見ていた周囲の大名たちも同じことを考えていたでしょう。それでも、豊臣家に味方せずに徳川幕府に忠誠を誓わなければ潰されるという緊張感があったため、大名たちは何も言いませんでした。

岡本大八事件が一六〇九年から一六一二年に起こり、その二年後の一六一四年には豊臣家を滅ぼすために大坂の陣が始まったことからも、方広寺の鐘については豊臣家を滅ぼすための家康の言いがかりの一つだった可能性が大いにあります。

家康が豊臣家をすぐに潰さなかった理由

では、一六一〇年代の家康にとって、一番の敵は何だったのでしょうか。この事件が起こったのが大坂夏の陣の直前であることを考えると、彼にとって一番の仮想敵は豊臣家という答えが想像されますが、豊臣家が本当に家康にとって最大の敵だったのかについては、私は少し疑問に思っています。

一六一〇年頃の家康はもう七十歳を迎えています。現実的には家康は七十六歳まで生きたわけですが、当時の寿命を考えれば、いつ死んでもおかしくはない年齢です。現代の感覚で言えば、九十歳や百歳まで生きているような長寿でした。

もし豊臣家が当時の家康にとって最大の脅威だったならば、なぜ家康はすぐに行動を起こさなかったのか。自分がいつ死ぬかわからない状況で、豊臣家を放置する必要はなかったはずです。

これに対する一つの答えとして浮かぶのが、「公儀二重体制論」という学説です。この説では、一六〇〇年の関ヶ原の戦いから豊臣家が滅亡するまでの十五年間、江戸と大坂に「公儀」、つまり権力の中心が二つ存在していたと論じられます。家康は江戸に幕府をつくったものの、当時の豊臣家の力があまりにも大きかったので、すぐに潰すことはできなかった。だから大坂城を攻め落とすまで十五年かかった、という考え方をこの論では取っています。

確かに、この考え方を前提とするならば、家康が豊臣家滅亡に向けてすぐに行動を起こさなかった理由は、豊臣家の実力が大きかったから慎重に準備を進めたのだと説明できます。ですが、本当にそうだったのでしょうか。

大坂城を攻め落とすとき、豊臣家に味方する大名はほとんどいませんでした。すでに多くの大名は、家康に従っていたのです。

また、大坂の陣がそれほど切迫した戦いだったのかと言われれば、実は家康にとってはさほど大変なことではなかったのではないかという考え方もあります。

家康は大坂城を攻めるために、ヨーロッパからカルバリン砲という大砲を買い揃え、遠くから城に向かって砲撃を行っています。さらに、夜中に大声を上げさせて、大坂城の兵士たちを眠らせないように心理戦も仕掛けています。結果、大坂城に籠っていた淀殿《よどどの》たちが、これ以上耐えられないということで講和を求め、お堀を埋めることを条件に停戦が成立しました。しかし、お堀を埋めた途端、再び戦争が始まり、あっという間に大坂城は落とされてしまいます。

結果、大坂夏の陣はわずか三日という短期間で終結を迎えます。真田幸村《さなだゆきむら》（信繁《のぶしげ》）の活躍などが強調されることも多いですが、実際には大坂城攻めはかなりの「ヌルゲー」だったのではないかというのが私の感覚です。

たった三日で落とせるならば、豊臣家を潰すために十五年も待つ必要はなかったはず。では、家康はなぜ豊臣家をすぐに潰さなかったのか。その点については、もう少し深く考える必要があると思います。

家康が豊臣家をすぐに滅ぼさなかった理由は、彼自身が寿命でいつ死ぬかはわからないものの、秀忠《ひでただ》に任せておけば豊臣家は問題なく処理できると考えていたとしてもおかしくありません。

さらに、豊臣家自体を完全に滅ぼす必要性についても、家康は考慮していたはずです。事実、織田家については秀吉も家康も完全には家を潰してはおらず、少なくとも家康の時代には、二万石ほどの石高を持つ織田家が複数残っていました。同じように考えれば、豊臣家の存続についても、秀頼が大坂城を出て、母の淀殿を人質として江戸に送るという条件を受け入れるなら、五万石ほどの石高で豊臣家を存続させることも可能だったかもしれません。

家康はキリスト教と豊臣家の団結を恐れた？

この考え方をさらに深めてみるなか、私が思い当たったのは次の通りです。岡本大八事件は、キリスト教を弾圧するきっかけではなく、以前からキリスト教の脅威を感じていた家康にとって言いがかりをつける最大のチャンスだったのではないか。さらに言えば、豊臣家を潰す良いきっかけにもなったのではないかという仮説です。

キリスト教弾圧と豊臣家の断絶は、一見かけ離れた出来事のように見えます。ですが、私がこのように思った一番の理由は、岡本大八事件が起こった二年後となる一六一四年にキリシタン国外追放令が出され、高山右近や内藤如安《ないとうじょあん》などのキリスト教徒が国外に追放されたという事実です。

当時の高山右近は特に目立った活動もせず、静かに余生を過ごしていました。そのまま彼を放置していてもさほど脅威には思えないのに、突然、国外追放となりフィリピンに送られたのです。

その背景には、「信仰を禁じられたキリスト教徒たちが蜂起し、豊臣家と結託して、大坂城に立てこもられてはかなわない」という家康の思いがあったのではないか。その可能性を払拭するために、高山右近を追放し、豊臣家との関係を先に断ち切ってから、大坂攻めを決めたのではないでしょうか。

しかも、ちょうどいいタイミングに、高山右近を庇護していた前田家の事情も変化を見せます。高山右近は、前田利家の長男である利長《としなが》と非常に親交が深く、お茶仲間としても親しい間柄でした。しかし、利長が病に倒れ、もう右近を庇護する力がなかったことが、家康にとっては追放の良い契機となったのかもしれません。

私自身はまだ明確な根拠は得られていませんが、家康が本気で大坂城を潰す必然性がなかったことを考えると、一見、別の出来事のように見えるキリスト教弾圧と大坂攻めの背景には、実は深い繋がりがあったのではないでしょうか。

一向宗の弱体化に成功した家康

さらに、当時の家康は、江戸幕府という盤石たる体制をつくり上げていた真っ最中でした。本来、徳川幕府は将軍を頂点としたピラミッド構造で成り立っています。その上に「神」という超越した存在が君臨するのは、大きな脅威でしかありません。彼にとって、徳川将軍家の上に立つような権威が存在するのは許せないことだったにちがいありません。

神に対する家康の考えは、一向宗に対する対処法を見ても明らかです。信長が一向宗を徹底的に叩いて、その武力勢力に対して逆らうならば虐殺も辞さないという姿勢を見せたことも、家康の政策に影響を与えたのでしょう。彼は大きな脅威であった一向宗を、東本願寺と西本願寺に分裂させることで弱体化させました。今でも京都には両方の巨大な建物がありますが、これは宗教勢力のエネルギーを二分し力を分けるための策略だったのです。

権力を二分し、弱体化させる手法は、日本では昔からよく使われています。その典型例は、鎌倉幕府や足利幕府《あしかがばくふ》が脅威となり得る朝廷を「大覚寺統《だいかくじとう》、のち南朝」と「持明院統《じみょういんとう》、のち北朝」に分け、お互いに争わせた「両統迭立《りょうとうてつりつ》」でしょう。勢力が一つにまとまると巨大な力を持って幕府に対抗してしまうので、それを防止するため、勢力を二つに分けて内部で競わせる。一向宗も東と西に分けられたことで、もはや幕府を攻撃するよりも、お互いに「どちらが正統か」という争いに力を注ぐようになりました。こうして一向宗が徳川幕府に反旗を翻す可能性は、ますます低くなったわけです。

そうなると、残された脅威はキリスト教勢力です。この頃には、単なる信仰の問題ではなく、日本人が海外に奴隷として売られたり、日本の土地が外国に奪われたりする実害も認識されていました。そのうえで、家康はこの勢力が武家政権にとっても危険だと感じ、排除しようと考えました。そこで、キリシタンが起こした岡本大八事件が口実として利用され、キリスト教弾圧が始まったのではないかと考えられます。

殉教とは認められていない原城《はらじょう》の一揆

家康が抱いていたキリスト教が危険だという認識は、二代将軍秀忠《ひでただ》へと受け継がれ、より一層厳格な姿勢で迫害を強化していきます。徳川家の初期において形成されたキリスト教への厳しい態度は、その後の徳川政権にとって喫緊の課題となります。この姿勢は、のちの時代でも一貫して継承され、弾圧政策として確立されていったのです。

江戸時代のキリスト教弾圧の悲惨さについて語る場合、まず浮かぶのが、原城《はらじょう》の一揆、すなわち「天草《あまくさ》・島原《しまばら》の乱」です。この乱では、キリシタンを中心とした三万人が原城に立てこもり、最後には全滅させられました。

日本の城は多くが落城していますが、不思議なことにそれらの城を発掘しても遺骨がほとんど出てきません。理由は、彼らが死者を一箇所に集めて火葬し、きちんと供養していたため、遺骨が溶け発見されないのだと考えられます。

しかし、原城の場合は、三万人のキリスト教信者が殺され、無造作に埋められたため、城の地下を掘ると遺骨が大量に出てきます。これは、日本の城の特徴としては、ごく例外的な事例です。

最も残念なのは、キリスト教の信仰を守りながら、幕府に抗って死んだ三万人の死が、正式には「殉教」として認められていないことです。ちなみに、日本でその後迫害され、死んでいった隠れキリシタンの殉教者についても同様の扱いを受けています。

その理由は、日本におけるかつてのキリスト教は、「マリア観音」のように、日本的なるものがキリスト教に融合して存在していたためです。当時の日本人が信じていたキリスト教は正統なものではなかったという立場をバチカンが取っているために、純粋なキリスト教の殉教としては認められていないのです。

キリスト教では、殉教者は福者《ふくしゃ》・聖人に認定されます。聖人になると、その人の遺骨は「聖遺物」として扱われ、重要視されます。カトリック教会を建設する際にはこの聖遺物が不可欠で、その存在によって教会の正統性が認められます。

ヨーロッパの教会で、ミイラのような遺体が豪華なドレスをまとって展示されているのを見たことがあるかもしれませんが、あれはまさに、その教会の聖遺物なのです。ですが、原城に眠る三万人の遺骨は、残念ながらそのような「聖遺物」として扱われることはありません。

こうした事情は原城で亡くなった人々にとって、死んでもなお救われない状況を生んでいるのではないか、と感じざるを得ません。

幕府の「祖法《そほう》」が鎖国を生んだ

一方で、原城の「キリシタン一揆」が、本当にキリスト教徒の反乱だったのか、という疑問もあります。実は重税に喘ぐ農民一揆だったとの見方もありますし、藩が取り潰されたことに不満を持つ浪人たちの一揆だったとの解釈も存在します。あそこまで大規模な一揆なので、おそらく一つの理由ではなくこの三つの要素が複雑に絡み合った末に起こったのだと、私は解釈しています。

この一揆による被害は大変なものでした。一揆の後、島原の地域は人口が激減し、他の地域から入植者を集めて新たに農業を始めざるを得なかったほどです。また、大弾圧の記憶が深く残ったため、精神的なケアが必要になり、禅僧の鈴木正三《すずきしょうさん》が招かれて領民の悩み相談に応じる事態にまで至りました。現代で言うPTSD対策のようなものでしょうか。

この一揆のトラウマは、幕府にも及んだようでした。すでに国内に存在したキリスト教を排斥する動きが、ある種の「伝統」として定着するようになります。

次第に、幕府はこの弾圧について、「祖法《そほう》」という言葉を使い始めました。「祖法」とは、祖先代々伝わる考え方を指します。単純に言えば、先代や先輩たちも同様に行ってきたから、自分たちもそれに従うべきだという考え方です。祖法として認定されると、そのルールを実践すべき具体的な理由や根拠が示されて必要性を検証されることは少なく、あくまで素直に過去の慣習を守ることだけが求められます。合理的な理由は排除して、祖法を守り続けた結果、徳川幕府はついに交易よりもキリスト教の排除を優先するようになります。

その結果、布教に積極的だったスペインはもちろん、ポルトガルやイギリスとの貿易も終息に向かいます。オランダは「キリスト教と貿易は別である」という立場を明確に示していたため、唯一の外国との窓口としての存在感を保ちました。この過程が最終的に「鎖国」というかたちで日本の対外政策に大きな影響を与えたのです。

弾圧されても勢力を伸ばしたキリスト教

では、江戸時代から始まる苛烈な弾圧の末、日本におけるキリスト教はどのような変化を見せたのでしょうか。こうした度重なる弾圧によって、キリスト教の信者の数は大幅に減少しましたが、一部の庶民の間ではその後も強く信仰され続けました。その理由は、浄土宗が鎌倉時代に極楽浄土の教えを通じて大いに浸透したように、キリスト教もまた庶民にとって魅力を有していたからでしょう。

その魅力とは、浄土宗と同様、キリスト教の教義には「キリストを信じ、善行を積めば天国に行ける」という具体的な約束があったからだと私は考えています。

この教えをいかに布教するかは、まさに宣教師たちの腕の見せ所でした。知識階級に対しては、ギリシャ哲学やキリスト教神学といった複雑な概念を駆使して教義を説明することもありましたが、基本的な教えは非常に簡潔であり誰にでも理解しやすいものでした。

単純明快な理論で信者を増やしたのは、浄土宗も同様です。彼らは「南無阿弥陀仏」と称えれば極楽浄土に行けると説いたうえ、「極楽とはどういう場所か」という問いに対しても、「極楽は素晴らしい場所であり、滝が流れ、宮殿が建ち並んでいる」との具体的な描写を門徒たちに与えています。

重要なのは、教えをいかに効果的に伝えるかが、布教者の説法の力量にかかっていたという点です。この点で、浄土宗の僧侶たちと天国の教えを伝えたキリスト教の宣教師たちには共通するところがありました。教義の奥深さを持ちながらも、庶民に対してはシンプルで心に響くメッセージをいかに効果的に伝えるかが、彼らの使命であったのです。

悟りは「一度悟ったら終わり」ではない

メッセージがシンプルなキリスト教に対して、分が悪かったのが、日本の二大仏教であった真言宗や天台宗です。彼らは単純明快な世界観を持ち合わせていませんでしたし、その最終目標である「悟りを開く」という教えは、庶民にとっては非常に難解なものでした。僧侶たち自身も、「悟りとは何か」という根本的な問いを投げかけられても、答えるのは容易なことではなかったでしょう。

仏教における「悟り」について、簡単にここで触れておきましょう。

みなさんは、昭和に活躍した「かしまし娘」という姉妹から成る、音曲漫才トリオをご存じでしょうか。以前、私はその最年長である正司歌江《しょうじうたえ》さんが、「悟りを開いた人間はつまらない。悩んでいる人間のほうが魅力的だ」という内容を語っていた記事を読んだことがあります。しかし、私は彼女のその言葉に触れた際、内心「それは悟りの本質を理解していない発言だな」と感じてしまいました。悟りを開くとは、あらゆる欲望から完全に解脱することを意味します。たとえば、男性が女性を口説こうとする欲望や、食物に対する欲求、さらには金銭に対する執着までもが悟りを開くと消え去ってしまう。確かに、俗世の欲望に身を任せたほうが面白いと感じる向きもあり、「煩悩のない生活は面白くない」と感じるのは理解できます。ですが、悟りの本質を理解していればこうした見解は生まれないはずです。これは、仏教伝来以来、昭和の時代においてすら、一般の人々にとっては「悟りを開く」という概念が十分に理解されていなかった証左でしょう。

では、悟りの本質とはどんなものなのか。

ここで一つ質問です。おそらくみなさんは、悟りを開いたらそれで修行は全てが完了し、その後も悟りを開いた状態が保たれていく……と考えているのではないでしょうか。しかし、それは根本的に誤解です。悟りを開いた後も、状態を維持するためには不断の努力が必要です。悟りを開いたからといって、その瞬間から永遠にその境地が続くわけではありません。「長く養う」と書いて「長養《ちょうよう》」と言いますが、この長養を通じて悟りの境地を持続させることが求められます。

私が語るのもおこがましいかもしれませんが、この長養という考え方にこそ、悟りの本質があるのです。一時的な悟りの状態に満足するのではなく、それを持続させるための努力が必要とされるため、本来はとても大変なものなのです。しかし、多くの方は「悟り＝一度到達したら終わり」だと考えているため、前出の正司さんのように「悟った人間なんてつまらない」と感じてしまう。この事実は、一般に理解されにくいものです。

しかも、天台宗や真言宗の最終的な目標である「悟り」を開いたからといって、実際にその生活が喜びをもたらすのかは、私自身も懐疑的ではあります。だからこそ、いかに天台宗や真言宗の教えが悟りを開くことを大事にしたとしても、一般の人々にとってそれほど魅力的に映らなかったのは理解できます。それに対して、キリスト教や浄土宗は「この素晴らしい世界に往生できますよ」と教えるわけで、このシンプルな教義が一つの大きな魅力となり信者を惹き付ける要因となったのは当然だったと言えるでしょう。

第10章　廃仏毀釈《はいぶつきしゃく》は明治政府の命令ではなかった

「管理する側」になった江戸時代のお寺

キリスト教が弾圧の憂き目に遭うなか、日本古来の宗教であった仏教にも変化が訪れます。その一番の変化と言えば、幕府がお寺を戸籍管理役として利用した「寺請制度《てらうけせいど》」でしょう。この制度によって、地方の農民たちは必ずお寺の檀家《だんか》となり、お墓を設け、さらに過去帳に名前を記録されるようになります。その結果、周辺の土地に住む人々の情報が、すべてお寺で管理されるようになりました。

この制度に登録されていない人々は「無宿人」となり、社会から外れた存在として、人によってはヤクザのような道に進むこともありました。

言ってみれば、本来であれば人々の精神を癒し支えるはずの存在だったお寺が、支配者層の一端を担う存在となり、僧侶たちはその地域に住む人々の戸籍を管理する役割を果たすようになったのです。

とはいえ、歴史的に見て、お寺が本当に農民のために機能していた時代がどれだけあったのか、という疑問も生じます。もしかしたら、昔からお寺は人々を管理する側として存在していたとも言えるかもしれません。

江戸時代では、キリスト教の弾圧のみならず、仏教も含めた宗教に対する統制が徹底して行われていました。その結果、仏教の各宗派は本来持っていた特色を失い、活きた宗派としての存在感を薄めていきます。

今でも、東京の谷根千《やねせん》（谷中《やなか》、根津《ねづ》、千駄木《せんだぎ》）地区などは、非常に多くのお寺が集まる「寺町」として知られており、それらの街を訪れると整然と並んだお寺が目に入ります。日蓮宗のお寺の隣には浄土真宗のお寺があり、その隣には禅宗のお寺が並ぶといった、多宗派の寺院が入り混じる光景が見られます。

しかし、こうした景色からは、各宗派が本来持っていた特色はほとんど感じられません。どのお寺も綺麗に並んでいるだけで、それぞれの特徴が見受けられない、没個性な風景が広がっているのです。この景観は、おそらく江戸の街だけでなく、全国の多くの城下町でも同じだったのではないでしょうか。

民衆のためにミイラとなる僧侶たち

江戸時代は、人を管理する僧侶もいましたが、飢えに苦しむ農民を見て、「少しでも彼らの助けになりたい」と願う僧侶も存在しました。その代表として知られるのが、良寛《りょうかん》です。農民出身でさまざまな修行を経て地元の新潟に戻り、庵《いおり》を結んだ僧侶です。彼は自分の庵のそばで子どもたちと日が暮れるまで遊び、みんなに慕われ愛されました。一方で、非常に書の巧みな人物であり、詩歌を詠むことにも優れていました。僧侶でありながら、贅沢を一切せず質素に暮らす。そんな地域に根付いたお坊さんも存在したのです。

その他にも有名なのが、円空《えんくう》や木喰上人《もくじきしょうにん》といった僧侶たちです。

私の友人に、平日はビジネスマンとして働き、土日は趣味で歴史の研究をする「日曜歴史家」である人物がいます。そんな彼が研究している対象とは、各地を遍歴し仏像を作り続けた円空と木喰上人です。

円空は僧侶でありながら、多くの仏像を彫った人物です。現在では、特に岐阜を中心にその作品が多く残っており、そのいわば「ヘタうま」的な独特の作風にはファンが多いのです。

もう一人の木喰上人も、人々の魂に安らぎが訪れるようにという願いを込めて、数々の彫刻を残しています。なお、木喰上人の「木喰」という名前は、代々受け継がれるものらしく、彫刻で有名なのは木喰五行明満《もくじきごぎょうみょうまん》という人物です。

ここで気になるのが、「木喰《もくじき》」という聞き慣れぬ言葉について。これはどういう意味かというと、お米や麦などを食べず木の実や果実だけを食べる修行を行うことで、木喰を実践する僧侶のことを「木喰上人」と呼んでいたようです。

なぜ木喰上人たちがそんな禁欲的な生活を送るのかというと、その最終目的が「即身成仏」としてミイラになることだったからです。

即身成仏とは、真言宗や天台宗などの密教で強調された教えの一つです。通常であれば、仏教では修行を積み、悟りを開くと仏になると考えられています。ですが、即身成仏は、大日如来と一体化することで、現世の肉体のまま悟りを得て仏となることができるとされています。生きたまま仏になるために、僧侶たちは自らの体をミイラ化することを目指したのです。そして、ミイラ化した修行者たちは、「即身仏」として崇められるようになりました。

ミイラになるには、脂肪を落とし骨と皮のような状態になる必要があります。私のように太って脂肪がついた体では、到底ミイラにはなれないのです。そこで、彼らは穀物を断ち、脂肪を削り、やがて十穀《じっこく》を断ち、木の実のみを食べるような生活を送ります。さらに、内臓が腐らないように漆《うるし》を飲むなどの修行を経てから、最終的に自ら穴を掘って地中に埋まります。そして、命の続く限り、一緒に持って入った鐘をチリンチリンと鳴らし続けるのです。その鐘の音が止まれば、地中に埋まった僧侶は死んだことになります。

その後、地中でゆっくりと乾燥した遺体は、十数年後に掘り起こされ、即身仏、すなわちミイラになったかどうかが確認されるわけです。しかし、それだけ過酷な修行を積んでも、意外と即身仏になるのは難しかったようで、掘り起こしてみると土が穴に流れ込んで、土が体や骨を溶かしてしまい、ミイラ化しなかった例も多くあるようです。

即身成仏は密教の教えに基づいているものの、真言宗の僧侶で、木喰上人の一人である木食白道《もくじきびゃくどう》という人物について調べてみると、彼が「南無阿弥陀仏」と称えていたことがわかりました。南無阿弥陀仏は浄土宗のものなのに、なぜ真言宗の僧が南無阿弥陀仏を称えるのか、と私は疑問に思いました。

そこで、日曜歴史家の友人に質問してみたところ、激しく叱責されたのです。「本郷、お前は上から目線で物事を見すぎだ。仏教が哲学でなければならないと思い込んでいるやつは、いつまでたっても庶民の苦しみなど理解できないぞ」と。

たしかによくよく調べてみると、木食白道は、とにかく人々を救いたいという想いがあった。ゆえに、自分の宗派にこだわらず、人々にとってわかりやすい南無阿弥陀仏という言葉をもって、彼らを救おうと活動していたのだとわかりました。

経典や哲学ばかり大事にする僧侶と、苦しんでいる人々に寄り添い、彼らを救うためにミイラになろうとする僧侶と、果たしてどちらが優れているのか。そう問い詰められ、そうした考えももっともだ、と思わざるを得ませんでした。

浄土の教えについての立派な書物を書くことはなくても、人々を救おうと考えた結果、ミイラになるという選択をする。そのような僧侶たちが現れたのが、江戸時代だったのです。

失われつつある史料をいかに保全するか

余談ですが、日曜歴史家の私の友人の話には、続きがあります。彼は以前、木食白道の史料があるという噂を聞きつけ、山梨まで足を運んだことがありました。

友人が現地のお寺で史料の存在について尋ねたところ、「そんなものはない」と言われてしまったとのこと。「あるはずだ」と粘ってみたものの、結局見つからず、仕方なくすごすごと帰ることになりました。ところが、翌日かその次の日にネットを見てみると、なんとヤフオクでその史料が売りに出されていたのです。

なぜ寺院がそうした対応を取ったのかと言えば、おそらくいろんな人から「史料を見せてほしい」と訊ねて来られるのが面倒だったのでしょう。「毎回対応するのはもういやだから、だったら捨ててしまえ。いや、少しでもお金になるならば、オークションに出してしまおう」という思考回路に至ったのではないかと思います。

こうした史料の保存については、現在我々研究者は大きな課題を抱えています。

中世までの文書は希少なので、比較的よく市場で取り扱われます。有名な武将の名前が出てくるようなものはもちろんのこと、ある程度その内容がわかるものであれば、ネットのオークションなどに出すとよく売れるでしょう。

それに対して、江戸時代の文書は非常に膨大な量が残っているので、市場では価値が薄い。しかし、金銭的な価値が薄いからといって、文書として価値がない、などということはありません。これらの文書は文書館のような適切な保管場所で、きちんと保管される必要があります。そうでないと、こうした貴重な文書が毎日のように捨てられてしまい、大切な過去の知見を私たちは失うことになります。これは非常に大きな損害です。

事実、一見価値が薄いと思われていた史料が、のちに大きく注目されるケースもあります。たとえば、京都の禅寺「長福寺《ちょうふくじ》」というお寺の事例をご紹介しましょう。

このお寺は、多数の古文書を所有しているのですが、どういう経緯かはわかりませんが、文書の多くが流出しており、その一部を東京大学文学部が所有していました。

私の恩師である石井進先生は、この「長福寺文書」に非常に高い価値を見出し、大切にしておられました。その想いを受け継ぎ、東京大学の五味文彦《ごみふみひこ》先生が中心となって行ったのが、全国に散らばっている長福寺文書を集めるプロジェクトです。私を含む石井門下や五味門下の研究者たちが集まって長福寺文書を徹底的に収集し研究が進められました。

その結果として、山川出版社から刊行されたのが『長福寺文書の研究』という書籍です。山川書店の厚意で出版されたのですが、正直なところマニアックな分厚い本だったので、どれだけ売れたのかは疑問です。それでも、出版されたことに大きな意義があると私は感じています。

この研究書によって、これまで長福寺の文書だろうと思われてはいたものの、脈絡が不明だった文書が研究を通じてどう理解すべきかが明らかになりました。そして、興味深いことに、この本の発売後、神保町などの古書店で売られているその文書の価格がゼロが一つ増えたのです。

研究が進むことで、一見ゴミのように見えていた史料が突如価値を持つこともある。この話はその良い教訓だと言えるのではないでしょうか。

国宝の約三分の一が失われた廃仏毀釈運動《はいぶつきしゃくうんどう》

江戸時代は人々を管理する役割を担っていたお寺ですが、明治期に入ると大きな危機を迎えます。それは、明治維新を迎えると同時に、明治政府が神道の国教化政策を推し進めるために「神仏分離令」を出したことです。この法令の内容はシンプルに言えば、「神と仏を分けよう」というもの。つまり、神社は神社、お寺はお寺、神様は神様、仏様は仏様というかたちで区別することで神道を保護しようとしたのです。

ここで重要なポイントは、明治政府が命じたのはあくまで「ジャンルを分けましょう」ということだけです。

ところが、そんな政府の思惑を大きく離れ、神仏分離令は「廃仏毀釈《はいぶつきしゃく》」運動を引き起こしてしまいます。この運動は、神仏を分けるという本来の意味を通り越して、「仏教を潰せ」という大きなムーブメントを引き起こしました。

その結果、人々はお寺を壊し仏像を捨ててしまうという過激な動きを起こします。繰り返しになりますが、この運動は決して明治政府が命令したわけではありません。政府は「神仏を分けよう」と言っただけだったにもかかわらず、民衆がその法令を受けて仏教排斥の動きに走ったのです。

なぜこうした運動が起こったのかは、いくつかの理由が考えられます。

まず一つは、地元の有力者の意向です。廃仏毀釈の動きが特に激しかった地域には、ほとんど法則性がありません。たとえば、長野県で言えば松本あたりは特に激しかったのですが、他の近隣地域ではそこまで激しい運動は起こっていません。なぜ松本で動きが盛んだったのかと言えば、その背景には地元の殿様が関係しています。松本の殿様であった戸《と》田《だ》光則《みつひさ》は、江戸時代には「戸田松平家」として松平の名を許されていた大名でした。しかし、明治維新が起こると松平家は徳川家と縁を切り、戸田姓に戻ることで生き残りを図りました。

戸田家としては、明治の新政府に良い印象を与えたいところなので、神道を保護し、仏教を排斥することで自分たちの地位を守ろうとしたのでしょう。そこで、殿様自らが先頭に立って「お寺を潰せ」という指示を出し、お寺や仏像を壊したのです。一見すると、保身に走る見苦しい行為に見えますが、歴史の流れを鑑みても生き残るためには誰でもそうせざるを得なかったかもしれません。

もう一つの理由は、江戸時代にその地域のお寺が権威を笠に着て、民衆に無理を強いていたからでしょう。もしすべてのお寺の僧侶が良寛のように人々に愛されていたら、そんな過激な事態は起こらなかったはずです。しかし、多くのお寺や僧侶は支配者層の一端を担い、民衆に対して相当な威圧感を持っていた。それに対する反発が、人々の間で廃仏毀釈を引き起こしたのは疑う余地はありません。

残念だったのは、この時期に多くの寺や仏像が壊されてしまったことです。現在にも伝わる仏像や寺院建築の多くは国宝や文化財に指定されていますが、明治初期には多くの国宝級の仏像や寺院が壊され、ただの木や鉄の塊として扱われ捨てられました。その結果、当時の日本が有していた国宝や文化財級の仏像や寺院建築は、この廃仏毀釈運動によって全体の三分の一ほどが失われたと言われています。唯一幸いだったのは、この運動によって僧侶の命までは奪われなかったことでしょう。仏像やお寺を破壊しても命までは奪わなかったのは、日本人の国民性だと言えるかもしれません。

第11章　神道は本当に宗教ではないのか

「神道」と「国家神道」の違い

明治時代に行われた廃仏毀釈運動は、仏教の弱体化を招きました。この状況は、日本における国家神道の成立に大きく寄与します。

よく勘違いされますが、国家神道とは宗教としての神道とは異なります。その大きなポイントは、国家神道とは実は「つくられた存在」であるという点です。「神道」が自然崇拝によって自然発生的に生まれたのに対して、「国家神道」は天皇制と神道を結びつけ国民の忠誠心を高めるために用いられた思想です。

ごく簡単に言えば、日本という国は天照大神の子孫である神武天皇《じんむてんのう》によってつくられ、その神武天皇の血族である天皇家が日本という国を長年にわたって治めているというもの。この思想は明治時代から第二次世界大戦終結までの間、日本社会に大きな影響を与えました。

国家神道で用いられる「皇紀」という概念を見てみましょう。これは日本独自の紀年法で、天皇の治世を基準にしてつくられています。たとえば、昭和一五年（一九四〇年）は皇紀二六〇〇年にあたるとされ、大々的な祝祭が行われました。昭和六年生まれの私の母も、この皇紀二六〇〇年の記念行事や歌についてはよく覚えていたと記憶しています。

皇紀は、神武天皇が天皇として即位した年を元年として数えられています。しかし、文字資料も存在しない時代に、なぜ神武天皇の即位年がわかったのでしょうか。

それには、明治時代に伝えられた中国の暦学に基づく讖緯説《しんいせつ》という考え方がベースになっています。昔の中国や日本では、現在のように西暦や元号が存在していなかったため、十干十二支《じっかんじゅうにし》をもとに時間の流れを記録していました。十干と十二支の組み合わせでできる干支《えと》は合計六十通りになり、六十年が経過すると同じ干支に戻ります。我々が還暦を祝うのは、六十年が経過して、新たな暦に還るからだと考えられています。

なお、甲子園球場の名前も、実は干支に由来していることをご存じでしょうか。甲は十干の最初、子は十二支の最初である「甲子《きのえね》」です。球場が開場した一九二四年（大正一三年）が、たまたま十干と十二支のそれぞれ最初の年が六十年ぶりに重なる「甲子年」だったことから、「甲子園球場」と名付けられたのです。

干支の中で特に注目されるのが「辛酉《しんゆう》」の年です。「辛」は十干の八番目、「酉」は十二支の十番目で、この両者が重なる年は「辛酉《かのととり》」と呼ばれました。この年には大きな革命が起き、天命が改まると考えられていたのです。

辛酉の年に大きな変革が訪れることから、「辛酉革命」という言葉が生まれました。干支は六十年に一回で一巡しますが、その中でも「辛酉」の年は特に重要視されており、権力者たちはその年に慎重になるべきだと考えられていました。

さらに興味深いのは、その六十年ごとに訪れる辛酉の年が二十一回巡ったとき、すなわち千二百六十年ごとにこの世を揺るがす大きな大革命が起こるという考え方があったことです。

そこで、明治時代の学者たちは考えました。仮に日本の歴史を二〇〇〇年ほどだと考えると、その中で千二百六十年周期の大革命がどこかに起こっているはず。彼らが注目したのが、聖徳太子が国造りを行った推古天皇《すいこてんのう》の時代です。その治世の中で、六〇一年に辛酉の年があったことから、この時期に日本の基礎が形成されたのだと考えられたのです。

そして、聖徳太子の国造りから千二百六十年前にも大きな革命があったと逆算すると、紀元前六六〇年に該当します。そのころに、日本という国を揺るがす大きな出来事があったとしたら、それは神武天皇の即位です。そう考えた明治時代の学者たちは、この紀元前六六〇年を神武天皇の即位年とし、日本という国が誕生した年だと考えました。

この考え方に基づいて生まれたのが、「皇紀」だったのです。

神道は本当に宗教ではないのか？

明治政府はヨーロッパから学んだ思想として、国民に対して「信教の自由」を掲げました。その一方で、日本人であれば国家神道を受け入れるべきであるという主張も行います。

そう考えてみると、国家神道は宗教なのかどうかという疑問が誰の頭にも浮かぶところですが、明治政府は立場上、国家神道は宗教ではなく、あくまで人々がどんな宗教を信じようともその自由は保証することを明言します。

ただ、神道は宗教ではないと言いつつ、そこには大きな矛盾をはらんでいます。

特に昭和の時代に注目されたのが、「玉串論争《たまぐしろんそう》」です。これは、市役所や町役場といった公的機関が、神社に玉串を奉納する際に公的資金でその費用を賄《まかな》うことが問題になったものです。金額自体は大きなものではありませんでしたが、元をたどれば税金である公的な資金が神社への奉納に使われたことは大きく問題視されました。

日本には信教の自由がある以上、これはおかしなことです。個人が神社に奉納金を出すのは問題ありません。しかし、税金を支払った住民の中には、キリスト教徒や仏教徒、イスラム教徒がいる可能性もあります。彼らの税金が神道に使われるのは、理論的には問題だと言えるでしょう。

こうした議論に対しては「神道は宗教ではないから問題ない」という立場が取られがちです。つまり、神道はあくまで日本の伝統や文化であり、宗教という枠組みではない。だから、信教の自由を侵してはいないという主張です。おかしな理屈ではありますが、玉串論争にしても、この主張が認められることで決着しました。

では、国家神道とは何なのか。その問いを解き明かそうとすると、そこには天皇の問題を扱うことが避けて通れず、さらに複雑になっていきます。明治維新の後、政府には伊勢神宮をトップとする「神社本庁」がつくられ、小学校の授業などではイザナギとイザナミから始まる高天原の神話などが日本の歴史として教え込まれていきました。

戦後生まれの人々には全くピンとこない話でしょうが、戦前の日本では高天原の国生みから連なる一連の神話は日本の歴史の一部であり、れっきとした事実として捉えられていたのです。

国家神道に曖昧な態度を取り続けていた知識人

明治時代に国家神道が歴史として教えられていたとき、当時の知的階層や科学者たちはどこまでこれを信じていたのでしょうか。

結論から言えば、彼らは国家神道を信じていなかったと私は思います。しかし、国家神道は天皇制と深く結びついている以上、天照大神の子孫が天皇であるという神話を「馬鹿馬鹿しい」と公然と批判するわけにはいきません。無政府主義者や社会主義者などの一部の思想家をのぞき、知的階層の人々の中でも国家神道を直接攻撃する人物はほぼいませんでした。

たとえば、当時の文化人として知られる森鴎外《もりおうがい》は、医者でもあるので科学的なエビデンスを何より大事にしていたはずです。しかし、彼が積極的に神話の世界に反対したかというと、そのような記録はありません。

その他、私が在籍する東京大学の史料編纂所をつくり、久米邦武と盟友関係にあった重《しげ》野安繹《のやすつぐ》という歴史学者を例に挙げてみましょう。彼は、確かに科学的な根拠を重んじ、神話の物語の中で活躍する英雄たちに対して「本当にそんな人がいたのだろうか？」と疑問を呈することもありました。その姿勢から「抹殺博士」とのあだ名まで付けられましたが、それでも神話そのものを全面的に否定したわけではありません。

最も当時の日本社会は富国強兵を推進し、軽工業から重工業へと発展していった時代です。科学的な思考が持ち込まれる中で、誰かが「歴史の授業で習う神話って本当に真実なの?」と問いかけても不思議ではありませんが、そうした声は聞こえてきませんでした。

このようにグレーゾーンを許容する考え方こそが、日本人的な感覚なのかもしれないと私は強く思います。

神社のトップに祀り上げられた伊勢神宮

明治期に入って、大きくその様子が変わったのが伊勢神宮です。現在でも、日本一格式の高い神社として知られる伊勢神宮ですが、明治期に入ると天皇の祖先である天照大神を祀る神社としてより一層強い影響力を持つようになります。

朝廷の力が強かった時代にも、伊勢神宮は特別な神社として認識されていたことは間違いありません。それを象徴するのが、毎年行われていた「二十二社奉幣」という儀式です。

この儀式の内容は、一位を伊勢神宮として、全国で特別に選ばれた二十二の神社に朝廷から使者が派遣され、幣《へい》が奉納されるというもの。二十二の神社の中でも伊勢神宮の扱いは格別でした。その証として、祝詞《のりと》を上げる際の紙の色から他の神社とは異なっています。通常の古文書なら生成《きな》りの紙ですが、伊勢神宮では赤色など特別な色が使われていました。

そして、明治時代から第二次世界大戦終結までの間、新たに置かれたのが「官幣社《かんぺいしゃ》」という神社です。この神社に指定されると、宮内省から幣帛《へいはく》（捧げ物）を捧げられるようになります。官幣社の下には「国幣社《こくへいしゃ》」という神社が置かれました。官幣社と国幣社には大社、中社、小社、別格の四等級の序列も置かれました。さらにその下には、府県社・郷社・村社という区分も置かれ、その土地の地方神社が組み込まれて行きます。

なお、私の高校の先生は地方の有名な神社の神主でしたが、彼は「神様に人間が格付けを与えることはあってはならない」と考えており、この格付けには大いに批判を抱いていました。

冷静に考えてみれば、神社に序列をつけること自体、かなり不敬な行為です。上位の神社ならばともかく、下位に格付けされた神主たちの間では、こうした不満の声が多く挙がったことでしょう。

信長や秀吉、家康も復興に尽力した伊勢神宮

現在、伊勢神宮に参拝に行くと、違和感を抱くことがあります。それは、神社につきものであるお賽銭箱《さいせんばこ》が置かれていないことです。実は伊勢神宮にお賽銭を奉納できるのは国家や天皇家といった特別な人に限られており、私たち一般人はお賽銭を捧げることができません。

それほどまでに威厳のある神社として知られている伊勢神宮ですが、日本の歴史をたどっていくと、必ずしも常に華々しく脚光を浴びてきたわけではないのです。実際のところ、朝廷が力を失うにつれてその存在感は薄れていき、戦国時代にはほぼ衰退していたことを実はあまり多くの人は知りません。これは、伊勢神宮側としては語りたくない事実かもしれませんが、有名な話なので触れておきましょう。

なぜ戦国時代に伊勢神宮が荒廃したのか。その理由は、単純に朝廷自体が困窮していたからです。そのため、伊勢神宮のメインイベントである遷宮《せんぐう》を行うことができないほどの窮乏にさらされます。

遷宮とは、伊勢神宮が二十年に一度に行う神社の建て替えのことです。神が宿る殿舎を

建て替えるこの儀式は伊勢神宮の場合、天照大神を祀る内宮《ないくう》と豊受大神《とようけのおおみかみ》を祀る外宮《げくう》の両方で行われます。

遷宮に関して、当時は内宮と外宮は別々の年に行われていました。現在では、内宮と外宮の遷宮は同時に行われていますが、非常に莫大な費用がかかる儀式です。たとえば、二〇三三年秋に向けて開催される遷宮は、その費用に約五百五十八億円を見込んでいるとのこと。あくまで公表されている概算ではありますが、その金額を見るとあまりに巨大なので多くの人は驚かされるでしょう。

戦国時代に入った伊勢神宮は朝廷という強力な後ろ盾を失っていたことから資金が集まらず伊勢神宮が荒廃してしまいますが、一人の立役者の存在によって復興を遂げます。その大役を成し遂げたのは、慶光院《けいこういん》の住持であった清順《せいじゅん》という一人の尼さんでした。神に仕える者ではなく仏に仕える尼さんが、伊勢神宮の復興に立ち上がったというのはなんとも不思議な話です。

彼女は「伊勢神宮のような尊い神社をこのままにしてはいけない」と考え、伊勢神宮の再建を決意し全国から寄付を募り、そのお金で伊勢神宮の復興を始めます。最初に復興されたのは「宇治橋《うじばし》」という橋でした。橋というのは神道的な考え方ではこの世とあの世を繋ぐもので、宇治橋は神の領域である伊勢神宮への入り口となる重要な存在です。今でもこの橋は健在で、宇治川に架かっています。

その橋を修復した後、次に彼女の弟子である別の尼が織田信長に伊勢神宮の復興について支援を依頼しました。ここで信長はスポンサーとなり、伊勢神宮の再建を支援します。その後、豊臣秀吉が支援を続け、秀吉亡き後は徳川幕府が支援をバトンタッチすることで伊勢神宮は遷宮も再開でき、完全な復興が成し遂げられました。

そう考えてみると、今の伊勢神宮は、朝廷以外の人々による支援で成り立っているわけなので、今のように「天皇や国家などの限られた人々からの賽銭しか受け付けない」などと語ることに対しては少し違和感を抱かずにはいられません。

江戸時代の伊勢神宮を支えた「お蔭参《かげまい》り」

江戸時代に起こったのが、猫も杓子《しゃくし》も伊勢神宮に行こうとする「お蔭参《かげまい》り」という大規模な参拝ブームです。これは、幕末の「ええじゃないか」の運動にも繋がるものですが、このブームが巻き起こり誰もが伊勢神宮へ参拝に向かいました。

あまりにもみんなが伊勢神宮に行きたがるなか、何らかの事情で自ら参拝に行けない人もいます。そこで、登場したのが「代参犬《だいさんけん》」です。何らかの事情で伊勢神宮参りができない人が、犬を派遣し伊勢神宮まで行ってもらって、自分自身が参拝したことにしたのです。歌川広重《うたがわひろしげ》の『東海道五十三次』の四日市《よっかいち》の場面には、代参犬が描かれています。実際のところ旅に出された犬がどうなったのかは知りませんが、一件、二件は「犬がちゃんと帰ってきた」という伝説も残っているようです。猫も杓子もどころか、犬も杓子も伊勢神宮に向かっていたとの事実を聞けば、どれほど熱狂的なものだったかよくわかるのではないでしょうか。

こうしたブームの結果もあって、伊勢神宮は完全に息を吹き返すことに成功します。もちろん当時は「お賽銭を神宮にあげてはいけない」という制約は全くありませんでした。だからこそ、何度も申しますが現在の伊勢神宮に伝わる「お賽銭禁止」はおかしな話とも言えるのです。

お伊勢参りを支えた遊郭の存在

では、なぜ多くの人々が伊勢神宮に参拝に行ったのか。もちろん神様にお参りしてご利益を得ようとするのが大事な理由の一つですが、もう一つ興味深い話があります。

ここでみなさんに質問です。それは、当時の伊勢神宮は、内宮と外宮のどちらが「豊か」だったと思うでしょうか？

内宮には天照大神が祀られ、外宮には豊受大神が祀られています。豊受大神は天照大神のお食事を担当する神様なので、両者の神格にはだいぶ差があります。内宮のほうが格は高いのだから、参拝者も多くの寄付を内宮に捧げるのではないかと考えるのが自然です。

しかし、実際には外宮のほうがお賽銭の実入りは多く、豊かだったのです。

その理由は、参拝の順路にありました。伊勢神宮を訪れた参拝者は、まず外宮に参拝し、そこから内宮へ向かいます。そして、外宮と内宮の間にある「山田」という地には「古《ふる》市《いち》」という遊郭の街がありました。現在の山田は、吉原《よしわら》のように今でも花街があるわけではなく、遊郭の雰囲気や痕跡は全く残っておらず、「ここに遊郭がありました」と示す石碑がある程度ですが、当時は日本五大遊郭の一つに数えられるほど有名な場所でした。

だから、多くの参拝者は外宮でお賽銭を捧げ、その後、山田で遊び、お金を使い果たした状態で参拝を続けるので、内宮にはあまりお賽銭が残らなかったのです。なんとも人間らしい逸話ですが、こうした事例を見てみても、どう考えても伊勢神宮は昔から人々に親しまれる「民の神様」であり、民衆の力で復興した神社だったことは確かです。

ところが、本来は民衆のための神社だった伊勢神宮は、明治政府によって国のものへと変化していきます。それと同時に、神道という存在は心から信仰をもって敬う対象というよりは、「日本人なら頭を下げて当たり前」という文化的な行為に変わっていったのです。

ここで思い出していただきたいのが、東京大学の歴史学者であった久米邦武の「神道は祭天の古俗である」という発言です。

彼は神道とは古い習慣に過ぎず、宗教ではないと言い放った。その結果、彼は東大の職を追われたわけですが、儀礼や形式が重視される現在の神道の状況は、まさに久米の言う通りだったと言えるかもしれません。

「魂」は分けることができるのか？

神道について論じるうえで、現在の神社が抱える問題点についてもいくつか触れてみましょう。

まずは、靖国神社《やすくにじんじゃ》に関する論争です。靖国神社には、国のために戦って亡くなった人たちが数多く祀られています。その人たちの鎮魂のために手を合わせることは、全く問題ない行為だと私は思います。ただ、気にしなければいけないのは、数々の慰霊の中にA級戦犯も合祀《ごうし》されている点です。

そもそも「A級戦犯」という言葉自体に議論の余地がありますし、あくまでカテゴリーとしてもアメリカ側の視点からつくられたものに過ぎません。とはいえ、昭和天皇も含めて、太平洋戦争の責任者が祀られていることに対して、アレルギーを抱く人がいるのも理解できます。

A級戦犯と呼ばれる人物たちを靖国に祀るのはおかしい。ならば、別の場所に祀ればいい、という議論もあります。

しかし、これに対して、靖国神社側は「一度、合祀した御霊は分祀《ぶんし》できない」と表現しています。たしかに、一度一つに集めたろうそくの炎が分けられないように、一度祀った英霊の魂を後から分けるのはどうやってもできないのだというのです。

私自身がこの問題について特定の意見を述べるつもりはありませんが、この問題はこれからの日本人が真剣に考えていかなければならない課題ですし、靖国神社への参拝が持つ意味についても今後議論の余地は大いにあると感じています。

神社が直面する後継者問題

その他にも神道がはらむ問題はいろいろとあるはずですが、最後に一つ、神主《かんぬし》の家系が直面する後継者問題についても触れておきます。

意外と知られていませんが、神主の家系は実は天皇家の縮小版のようなもので、世襲によって引き継がれています。まず、神主集団のトップは宮司《ぐうじ》と呼ばれ、その家は代々引き継がれていきます。事実、出雲《いずも》の日御碕《ひのみさき》神社の宮司は、天皇家よりも古い家系によってその系図が繋がっていると言われています。

しかし、同じ家系が長く続くうち、どうしても天皇家と同じような問題が浮上します。

その代表例は、血筋が絶えてしまうというもの。基本は宮司の家も男子によって代々世襲が行われていますが、仮に血筋が途絶えたときに女性の宮司を認めるかどうかは大きな問題となっています。ただ、さまざまな複雑な問題を持ってはいるものの、神社は地域に根ざし神事やお祭りを通じてその地域を支えている存在です。二〇二〇年から世界を襲ったコロナ禍を考えると、神道の「清らかであるべき」という考え方が、日本人の習慣に強い影響を与えていたことがよくわかりました。たとえば、神社の神主が竹箒《たけぼうき》で掃除をするのは、清らかさを保つための儀式です。また、神前に進む際に手を洗い、口をすすぐという習慣も、これによって体を清潔にし、神様の前に出る準備を整える行為でもあります。この日本人が古くから実践している習慣が、コロナ対策としても非常に効果的でした。

海外では靴を脱がず、お風呂にも頻繁に入らない傾向があります。一方、日本人は靴を脱ぎ、毎日風呂に入る習慣がありますが、これは神道の「穢《けが》れを落とす」という考え方の影響があるように思います。そう考えたとき、これまでの神様への扱いというものを考え直さなければならないと思うようにもなりました。最近、田舎の町などを歩くと、鳥居の前で自然に一礼するようになりました。今では地域振興のためにも、神社を盛り立てていく必要があると深く感じています。

第12章　日本における「本当の信仰」とは？

新宗教だからといって否定的に見るべきではない

本書の最後に、新宗教について一言だけ触れておきましょう。

現在、日本には多くの「新興宗教」があふれています。しかし、実は新興宗教という呼び名はあまり的確ではありません。伝統的な宗教に比べて比較的成立年が新しい宗教について学問的に正しい呼び方は、「新宗教」です。新宗教を研究する学者は多く、大学で新宗教を専門に分析している研究者も少なくありません。

私が大学生の頃は、新宗教に関わるのはもっての他だという風潮がありました。しかしその後、人生において、新宗教に関わる方々と数多く知り合いましたが、彼らが特に問題のある人たちだとは思いませんでした。彼らの教義と彼らの人格は別のものである以上、すべてを頭ごなしに否定したり色眼鏡で見たりするのは良くないのではないかとも思うようになっています。

私の恩師の一人も、私が若い頃に「あの人は新宗教に所属しているから」と話した際、「そういう見方は良くない」と諭してくださいました。恩師いわく、信仰を持つことで安心し心が落ち着く人も世の中にはいるのだから、信仰を持つ人を差別的な目で見てはいけないと言うのです。その言葉は今でも心に残っています。

現代を生きる私たちは、比較的、無宗教的な時代に育っているため、信仰とは何なのか、今後どのようになっていくのだろうかと問われると、あまり実感が湧かない部分もあるかもしれません。ただ、ここまで見てきたように、宗教は時代背景や人々のニーズに合わせて、新たに生まれてくるものだとわかります。新宗教だからといって否定的な目で見る風潮については、見直す必要があるとも感じています。

新宗教が今後どのように発展していくのかは、非常に興味深いテーマです。日本では創価学会などの大きな新宗教も誕生していますが、第三代会長・池田《いけだ》大作《だいさく》氏の死後、後継者をはじめ、どのような道を進んでいくのかが問われています。創価学会ほどの大組織でさえ、このような課題に直面しているわけですから、他の新宗教も同様に今後どのような展開を見せるかが注目されるところでしょう。

日本仏教における「チャーチ」と「セクト」

新宗教はカルト的なものだと考えられがちですが、決してすべてがカルトなわけではありません。

重要なポイントとして押さえておきたいのが、「セクトとカルトは違う」という点です。先日、私は経営学者の入山章栄《いりやまあきえ》先生と対談する機会があったのですが、その際に入山先生の本を読んで出てきたのが「チャーチ・セクト論」という宗教団体を類型化した理論です。この理論に基づいて考えると、カルトやセクトの違いが非常にすんなりと理解できます。

多くの方が誤解しているのですが、セクトとはチャーチと呼ばれる大きな宗教母体から分かれ出てきた分派のようなものでカルトとは異なります。たとえば、天台宗や真言宗のような大きな宗教集団（チャーチ）から、日蓮宗や浄土宗のような宗派が生まれると、セクトと呼ばれます。

新たに誕生したセクトは、自分たちを正当な宗教として認めてもらおうという動きを見せます。たとえば、浄土真宗は朝廷に働きかけることで、本願寺門跡という地位を得ました。このようにセクトが政権公認の宗派となって一定の正当性を得ることに成功すると、力を持っていきます。チャーチのような大きな母体にはなりませんが、セクトが社会的な正当性を獲得することで、「デノミネーション」として社会に受け入れられた状態に落ち着きます。

ただ、すべてのセクトが社会に受け入れられるわけではありません。セクトが先鋭化し、反社会的な動きを取るとカルトと呼ばれます。こうした動きは、キリスト教圏でも見られるものですが、このかたちで考えていくと、日本の宗教の流れも非常に腑に落ちる点が多いと気づかされました。

名もなき庶民が求めた救いとは？

本書では、日本の宗教の歴史について振り返ってみたわけですが、最後に名もなき庶民たちは辛い生活の中、何にすがって生きていたのかをもう一度考えてみましょう。

極限の状況の中、人々が何に頼ったのかについては、いまだに文字資料が残っていない以上、明確な答えが出ません。

しかし、土地が貧しく常に飢餓に苦しんだ東北地方では、道元が開いた禅宗の一派である曹洞宗が大きな勢力を持つようになりました。曹洞宗は臨済宗に比べると権力と結びつくことが少なく、庶民に寄り添う宗派であったと言われています。現在、日本で行われているお葬式のかたちをつくったのも曹洞宗だと言われています。

では、曹洞宗が人々の心の拠り所になったのかと言えば、私には少し複雑な思いがあります。なぜなら、そもそも禅宗は「何かに祈る」「お願いをする」という教義を持たず、「考え方」を重視します。ですから、禅宗である曹洞宗の教えに、苦しむ庶民がすがるのは難しいでしょう。

苦しい生活を送っている庶民にとっては、哲学的な議論よりも現実に救ってくれる存在のほうが大切なのです。「救い」がこの世で実現しないというのは非常に辛いもので、一度死ななければ救われないという教えは、現世の苦しみに耐える人々にとっては非常に厳しいものだったのではないでしょうか。

その中で、地域ごとの神様も、庶民にとっては重要な存在でした。地域の氏神様やお地蔵様など、生活に密着した信仰は存在したのだろうと思います。仏教だけでなく、地域の神様による支えを日本の庶民たちは苦しい日々の拠り所にしていたのではないかと私は思います。

現世の憂いに加えて、我々人間が避けて通れないのが「死」への恐れです。それは、貧富の差に関わらず、誰もが抱く感情でしょう。宗教の最大の役割とは「死の恐れをなくすこと」にあるのかもしれません。誰一人として、死後の世界を見てきた人間はいないということ。ゆえに、その教えが真実かどうかは確かめようがありません。

最終的には、信じるかどうかは個々人の問題に帰結する点が、宗教の非常に難しい問題ではあります。ですが、仏教のように「死後に救われる」という教えがあり、信じることができれば人々は死への恐怖を和らげることができたはずです。

信仰に欠かせない「発心《ほっしん》」

人間が「信仰」というものに真正面から向き合うとき、いろいろな道があるでしょう。代表的な道としては、「先生」と呼ばれるカリスマ的な人物への尊敬心から信仰に入るものです。浄土真宗の開祖である親鸞が法然を信じた心は、まさにそのような先生への深い尊敬心から始まったもので、非常に人間らしいものだと感じます。親鸞は、「もし法然が嘘をついていたとしても、法然とともに地獄に落ちる覚悟がある」と告げています。こうした人間的な信頼に基づいた信仰は、私たちにも共感しやすいものがあります。

その他、絶対的な美を感じる瞬間が信仰のきっかけになることもあります。私自身、初めて『マタイ受難曲』を聴いたとき、あまりの感動に心が震えるという経験をし、カトリックへの強い魅力を感じました。また、ヨーロッパの教会建築やステンドグラスを初めて目にしたときも、その美しさに圧倒されたことがあります。かつて日本で仏教芸術を通じて、多くの人々が仏教に関心を抱いたように、信仰の道に入る人々の中には、こうした美や芸術から深い感動を受けて宗教に惹かれるケースも少なくないでしょう。

誰かへの尊敬や美や芸術への関心から信仰に至る人々がいる一方で、宣教師たちのように自らの殉教を望む信仰のかたちもある。信仰には多様な道があり、そのいずれもが奥深いものだと思います。

ただ、共通して大切なのは、「発心《ほっしん》」という考え方でしょう。これは、自らの意志で仏に仕えることや仏の道を探求するという決意です。

平安時代末期から鎌倉時代にかけて活躍した西行法師《さいぎょうほうし》は、もともと佐藤義清《さとうのりきよ》という武士でした。彼は武士の中でもエリートで、将来を嘱望されていたわけです。しかし、恋愛のもつれなどから、発心をして仏門に入ることを決意します。

西行は、仏に仕える道を選ぶ過程で妻や幼い娘をも捨てたと言われています。特に有名なのは、娘が「行かないで」とすがりついてきたときに、その娘を縁の下に蹴落として家を去ったというエピソードです。現代の感覚で言えば、とんでもない父親ですが、当時信仰の道を選ぶというのは、それほどまでに決定的で厳しいものであったのかもしれません。

西行が選んだ信仰の道は、当時の天台宗や真言宗の高僧たちのような贅沢な暮らしとは対極にありました。彼は墨染めの衣を身にまとうことで、「この世との縁を切る」という決意を示します。天台宗や真言宗の高僧たちがキンピカの袈裟《けさ》を着て、肉を食べず、女性を遠ざけるだけであとは贅沢に暮らしているのとは違い、本気でこの世との繋がりを断とうとした。これこそが「発心」という、真に仏に仕える決意だったのです。

これを現代に置き換えて考えてみましょう。たとえば「お寺を継ぐ」という行為は、ある種の世襲のようなものであり、実は信仰の本質とはかけ離れているようにも思います。現代でも、寺を継いだ兄の日々を妹の視点から語るエッセイ漫画『坊主ＤＡＹＳ』（新書館）という作品があります。この作品はとても高い評価を受けていますが、私自身は、この作品を読んで、信仰の道を進む理由を単純に「世襲だから」という一言で済ませていいのだろうかと感じてしまいました。

お金持ちでなければ、僧侶にはなれない？

現代では、お寺を経営していくには、檀家の数やお布施が重要視されます。一つのお寺の経営を安定させるには檀家の数が三百以上必要だと言われていますが、三百もの檀家を抱える寺院は逆に人手が足りずに非常に苦しいとも聞きます。だから、土地を利用して幼稚園を経営するといった工夫をするなど、寺院経営に奔走する僧侶の方々も少なくありません。

しかし、このように宗教とお金の問題が取り沙汰されるたびに、思い出すエピソードがあります。実は、私自身もかつては仏教に興味を持ち、空海の書物を読んで「将来は心静かに坊主になって生きていこう」と思っていた時期がありました。

当時、高校生くらいだったのですが、いろいろと調べていくと僧侶になるためにはどうやらお金が必要だという現実を突きつけられたのです。

きっかけは、家に読経に来ていた僧侶の方が、あるお寺の住職の株を買ったという話を聞いたことです。僧侶の方がその株を買うために必要だった費用は、なんと五千万円。もはや四十五年前の話ではありますが、その金額を聞いて、私の脳裏には「仏の沙汰も金次第」という言葉が頭に浮かびました。そして、その瞬間、「それほどお金が必要ならば坊主になる道を諦めよう」と決意したのです。この話がきっかけで、現在、歴史研究に携わるようになったわけですが、あの驚きは今でも鮮明に覚えています。

さて、話が脇道にそれましたが、仏教における信仰にも「発心」は非常に大切です。自らの心が信仰に目覚め、それを自覚して仏に仕えるという決意を持つことが、信仰のあるべき本来の姿でしょう。それが「お寺を継ぐ」という世襲の仕組みによって薄められてしまうのは、どうしても違和感を抱かずにはいられないのです。

信仰のあり方は、お金とは無縁であるべきです。本来の意味での発心があれば、たとえホームレスでも構わないはずです。私自身、五千万円という金額に圧倒されて住職への道を諦めたことを思い返すと、自分も信仰への覚悟などは持っていなかったのだろうと感じます。しかし、こうして「信仰」によって本来は動いていくべきお寺が「世襲」や「お金」によって運営されている事実を見ると、日本には「本当の信仰」というものがあるのかと言われれば、やはり私は疑問を抱かずにはいられません。

アフリカ大陸からローマ教皇が生まれる日

みなさんは、中村光《なかむらひかる》さんの漫画『聖☆おにいさん』をご存じでしょうか。この作品では、キリストとブッダが長年来の友達であり、休暇を利用して地上で一緒に暮らしているという設定で物語が進行します。日本人なら「こういう作品があるんだな」と思う程度かもしれませんが、欧米の感覚は違うようです。たとえば、『テルマエ・ロマエ』などの作品で知られ、イタリア生活が長かった漫画家のヤマザキマリさんは、この作品を読んだとき「これは神への冒瀆ではないか」と語っていたように記憶しています。

ヤマザキさんのようにキリスト教が根付いた国のカルチャーに囲まれてきた方からすれば、仏教とキリスト教の教祖が一緒に暮らしているという設定は不敬に感じるのは当然かもしれません。この感覚は、さまざまな宗教が同居する国である日本人にはあまりなじみがないものかもしれませんが、キリスト教圏の人々には大きな問題なのだと新たな視点を得た気がしました。

この例を見てもわかるように、日本の宗教観はとにかく「グレー」なのが特徴です。道徳心は強いものの、信仰心はさほど強くない。そのため、信仰や宗教がマンガのテーマになったとしても、あまり違和感を覚えないのでしょう。

しかし、近年は欧米でも宗教観に変化が訪れていると感じます。ネット上などで、ヨーロッパの人々が「日本は宗教的に最も進んでいる」と発言する動画や投稿を見ると、他の宗教に対して寛容である日本的な宗教観は世界的には理想的な姿勢だと評価されている部分があるようです。

現代において、神に対する信仰や超自然的な存在に対する態度が変わりつつあるのは、日本だけではありません。欧米でも科学の発展に伴い、特に知的階層の中で神や超自然的な存在に対する懐疑的な考え方が広まっています。

たとえば、キリスト教のローマ教皇は群を抜いて敬虔《けいけん》な神父の中から選ばれますが、近年では、ヨーロッパをはじめとする先進国からは教皇がほとんど生まれていません。

その代わりに、キリスト信仰が強く信じられている中南米などの地域から、新たな教皇が生まれています。第二百六十六代の現ローマ教皇であるフランシスコ教皇は、アルゼンチン出身で、初の南米出身者であることも注目されました。現在、アフリカ大陸でも熱狂的なキリスト教信者が増えているので、アフリカ出身の教皇が誕生するのも決して遠い未来ではないかもしれません。

もう一つ考えてみたいのが、「科学が宗教たりうるか」という問いです。現代、「科学の進歩こそが人間を幸福にするはずだ」との強い信念を持っている人が多いでしょう。すでに宗教は科学に取って代わられたと考えられがちですが、ある意味では、科学自体が信仰の対象となっているとも言えるのではないでしょうか。

しかし、現代では、科学万能主義に陥ることは危ういと考えられています。クローン技術や核兵器など、人間や自然の存続を変えるような発明がその一例です。さらに、科学の進歩を盲目的に追い求めるのではなく、むしろ科学を退歩させたほうが人間の幸福に繋がるのではないかとの考え方も生まれています。これは、今後も私たちが考えるべき大きな課題の一つになるでしょう。

本郷和人（ほんごう かずと）

1960年、東京都生まれ。

東京大学史料編纂所教授。

専門は、日本中世政治史、古文書学。『大日本史料　第五編』の編纂を担当。

著書に『空白の日本史』『歴史のＩＦ（もしも）』『日本史の論点』『最期の日本史』『愛憎の日本史』（扶桑社新書）、『東大教授が教える シン・日本史』（扶桑社）、『日本史のツボ』『承久の乱』（文春新書）、『軍事の日本史』（朝日新書）、『乱と変の日本史』（祥伝社新書）、『考える日本史』（河出新書）、『歴史学者という病』（講談社現代新書）など多数。

デザイン：石塚健太郎、堀内菜月

扶桑社新書 512

宗教の日本史

発行日 2024年11月1日　初版第1刷発行

著　　者………本郷 和人
発 行 者………秋尾 弘史
発 行 所………株式会社 扶桑社
〒105-8070
東京都港区海岸1-2-20 汐留ビルディング
電話 03-5843-8842（編集）
03-5843-8143（メールセンター）
www.fusosha.co.jp

ＤＴＰ制作………株式会社 Sun Fuerza
印刷・製本………株式会社 広済堂ネクスト

Printed in Japan　ISBN 978-4-594-09770-7